Landfrauen Küche

14 bayerische Landfrauen kochen
mit Herz und Leidenschaft

So kocht Bayern

Seit 10 Jahren fährt der Landfrauenbus quer durch Bayern. Der Oldtimer ist zum Symbol für eine Erfolgsgeschichte geworden. Was aber ist das „Rezept" der Landfrauenküche, die zu den erfolgreichsten Sendereihen im BR Fernsehen zählt? Sieben Landfrauen aus den sieben bayerischen Bezirken besuchen sich reihum und bekochen sich. Jede von ihnen kreiert ein Drei-Gänge-Menü, das die anderen Landfrauen bewerten. Kritisch, aber auch immer sehr freundschaftlich. Am Ende des Sommers gibt es eine Siegerin, aber gewonnen haben alle Frauen: an neuen Erfahrungen und an Begegnungen mit den anderen Frauen, die oft zu Freundschaften werden und weit über den gemeinsam verbrachten Sommer hinausgehen.

Alle lieben Geschichten. Die Landfrauenküche erzählt Geschichten von Frauen, die ihren Lebenstraum verwirklicht haben. Wie die von Cathi, die ihren gut bezahlten Job aufgab und jetzt zusammen mit ihrem Mann einen Hof in Oberbayern bewirtschaftet. Wie die von Barbara, auf deren Hof in der Oberpfalz vier Generationen zusammenleben und sich umeinander kümmern.

Aber auch die Rezepte der Landfrauenküche erzählen Geschichten. Monika, eine Brauerin aus Oberfranken, die den Betrieb in der 13. Generation führt, kochte für die Landfrauen ein Bier-Menü. Der Apfelstrudel, mit dem Cathi punktete, enthält ganz viel Butter – so wie ihn die Oma früher gemacht hat.

In diesem Buch finden Sie alle Rezepte aus der neunten und zehnten Staffel der BR-Fernsehreihe. Darüber hinaus hat jede Landfrau noch zwei Lieblingsrezepte verraten. Viel Spaß beim Nachlesen und Nachkochen!

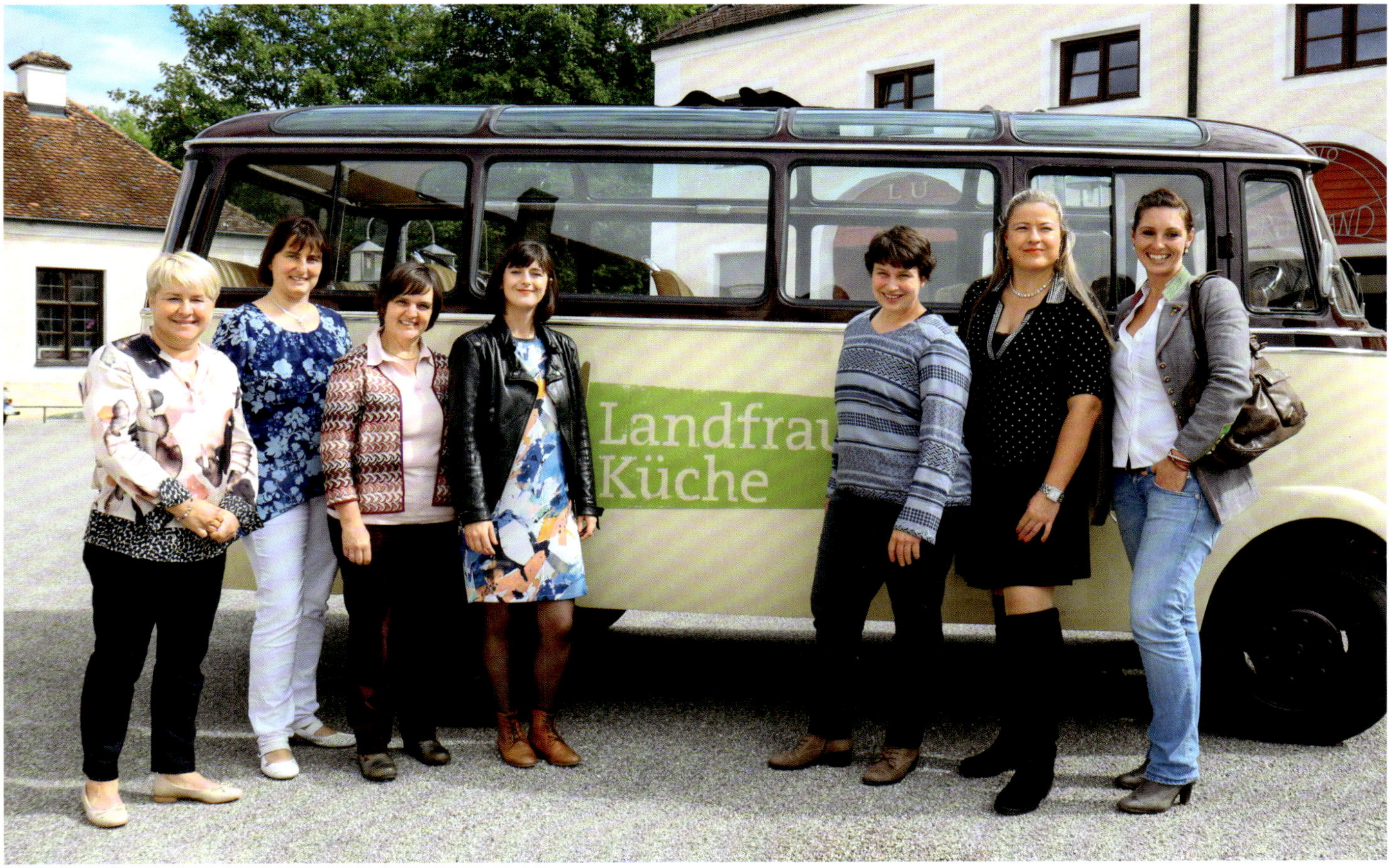
Landfrau
Küche

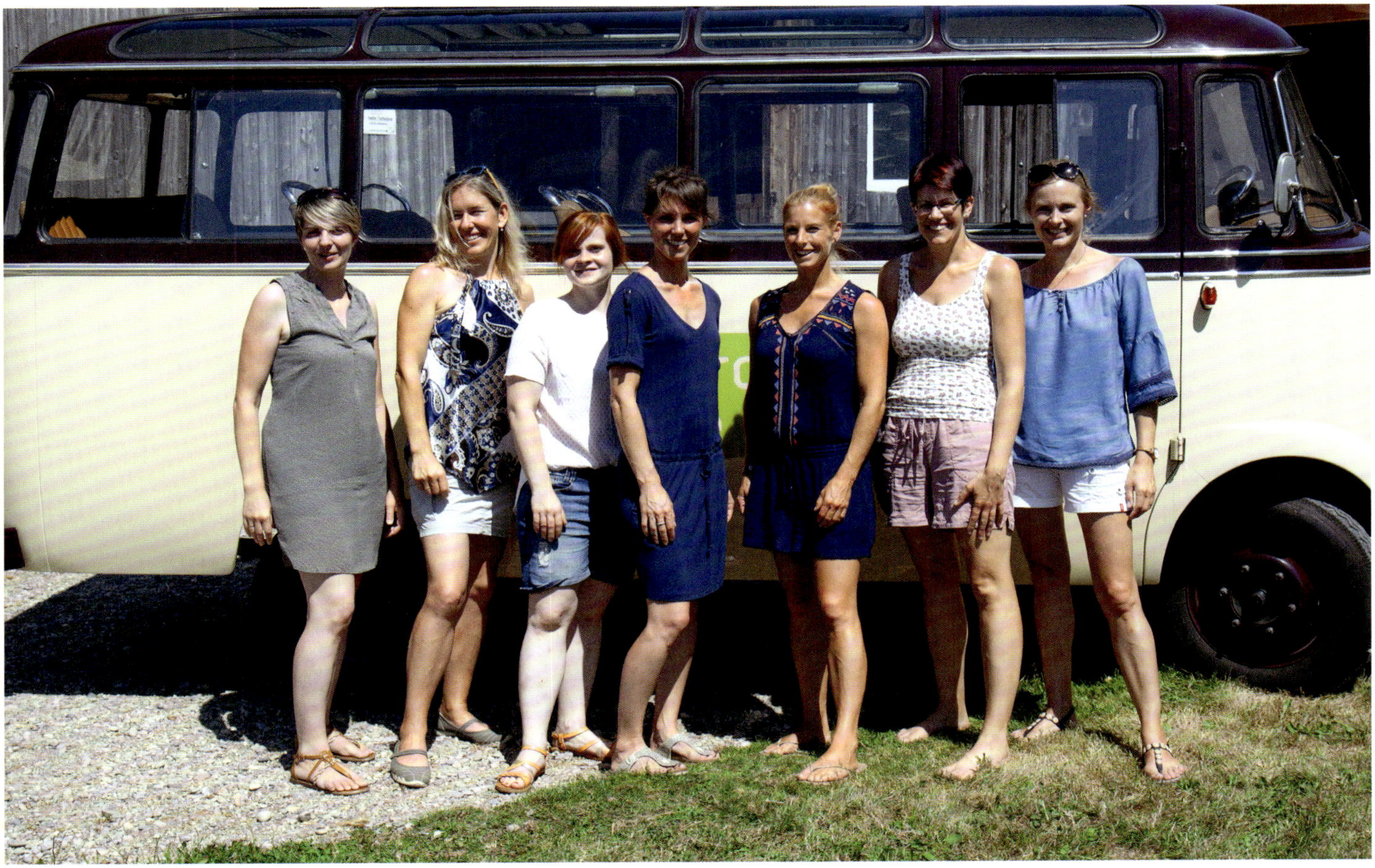

Unterfranken

Das milde, fast mediterrane Klima am Unterlauf des Mains beschert der sonnenverwöhnten Region eine reichhaltige Weinernte – von hier stammen einige der berühmtesten fränkischen Tropfen.

Hänge voller Reben, Burgen, Klöster und eine wohlbestellte Kulturlandschaft, die das Erbe des Mittelalters in sich trägt: Unterfranken ist einer der malerischsten Flecken Bayerns. Genau die richtige Umgebung für alle, die das Leben genießen und sich dabei etwas Besonderes gönnen möchten!

„Ich koche für mein Leben gern mit Wein", sagt Barbara. Kein Wunder – gehört der Familie doch ein wunderschön gelegenes Weingut am Rande des Steigerwalds. Mit hofeigenem Brotbackofen, mit Kräutern und Gemüse aus dem charmanten Bauerngarten und gut 60.000 Weinstöcken.

Barbara Baumann

Wurzeln fassen und Neues gedeihen lassen – das Leben der Landfrau ist so bodenständig wie die Rebstöcke auf ihrem Weingut.

„Ich bin ein Mainschleifenkind", sagt Barbara. Sieben Kinder waren sie zu Hause, sechs Mädels und ein Bub; die Eltern hatten einen kleinen Weinberg in Stammheim am Main, der Vater war von Beruf Schreiner. Als Mädchen war Barbara gerne in der privaten Werkstatt. Sie schaute dem Papa über die Schulter und wuchs so von klein auf in den Umgang mit der Natur hinein, am Weinberg mit den Reben und in der Werkstatt mit dem Holz. „Ich bin Widder, Aszendent Stier. Das Erdverbundene liegt mir", sagt sie und lächelt – froh, dass sie genau aus jenem Holz geschnitzt ist, das man braucht, um auf einem Gut mit über zehn Hektar Weinbergen, darunter manche in Steillage, erfolgreich Wein zu machen und ihn mit viel Leidenschaft und Freude zu vermarkten.

Manch ehrwürdiger, an die 150 Jahre alter Weinstock wurzelt in den Hängen des Weinguts Forellenhof der Familie Baumann im unterfränkischen Örtchen Handthal. Der Hof liegt am Fuße des Stollbergs, Frankens höchstgelegenem Weinberg. Barbaras Mann Manfred stammt von hier. Der gelernte Weinbautechniker verantwortet den Keller und die elf verschiedenen Weinsorten des Familienguts. Auf einem Weinfest hatten er und Barbara sich vor über 30 Jahren kennengelernt; sie arbeitete damals als Erzieherin, ein Beruf, den sie sehr liebte. Doch die Zuneigung zu Manfred war stärker – heute haben die beiden zwei erwachsene Kinder, Felix und Franziska, und Felix, der Önologie studiert, wird das Gut später einmal weiterführen.

„Ich liebe es, wenn etwas entsteht", sagt Barbara, die aus alten Weinstöcken gern dekorative Objekte von eigener Schönheit kreiert. Für Manfred gab sie ihren Beruf auf, machte eine Ausbildung zur Winzerin und Weinerlebnis-Gästeführerin und baute dabei auf dem Erfahrungsschatz der Schwiegereltern auf,

die den Forellenhof Anfang der 1990er-Jahre auf ein Weingut umgestellt hatten. Gewachsenes zu bewahren und weiterzuentwickeln, Tradition mit Kreativität zu verbinden, das entspricht ihrer Haltung zum Leben – und fügt sich in das Bild der Rebstöcke ein, die tief im Boden der Hänge wurzeln und daraus die charaktervolle Mineralität saugen, die die Weine der Gegend zu etwas Besonderem machen.

Terroir nennt man dieses Zusammenspiel aus Landschaft, Klima, Boden – und nicht zuletzt dem Feingefühl der Menschen, die daraus gute Tropfen keltern. Das Zusammenspiel klappt auch bei Barbara und Manfred, die sich perfekt ergänzen: „Manfred ist gern im Keller bei den Weinen, ich gehe für mein Leben gern raus, liebe den Kontakt zu Menschen", sagt Bar-

»Die Reben sind unser Leben.«

bara. Sie ist eine Teamplayerin, offen und kommunikativ – ein Talent, das ihr nicht nur mit den vielen Geschwistern half, sondern auch heute, wenn sie die Weine bei Hofführungen und Messen an die Kunden bringt. „Meine Begeisterung für Wein wächst mit jedem Jahr", sagt sie. Auch beim Kochen! Geschickt verbindet sie die Zutaten aus dem eigenen Garten mit den Aromen des Weins – so kommt das Terroir des Familienguts nicht nur im Glas, sondern auch auf dem Teller zur Geltung.

Die Apfel-Kartoffel-Chips
sind ein richtiger Hingucker – und
knuspern schön.

Meerrettichschaumsuppe

mit
süßem Topping

Zutaten für 4 Personen

Für die Suppe:
2 kleine Zwiebeln
1 kleine Kartoffel
1/2 Stange heller Lauch
1 kleines Stück Knollensellerie
5 Champignons
1 EL Butter
120 ml Weißwein
800 ml Gemüsebrühe
4 EL frisch geriebener Meerrettich
150 g Sahne
Salz
Pfeffer aus der Mühle

Für das Topping:
3 rotschalige Äpfel
2–3 EL Puderzucker zum Karamellisieren
1 große Kartoffel
Sonnenblumenöl zum Frittieren

Außerdem:
Ausstechform mit Blattmotiv
4 Spieße oder dünne Zweige
Sahne zum Garnieren
Rosa Pfefferbeeren (zerdrückt)
Schnittlauchröllchen

1. Für die Suppe die Zwiebeln schälen und in feine Würfel schneiden. Die Kartoffel schälen, waschen und ebenfalls in Würfel schneiden. Den Lauch längs halbieren, waschen und in Ringe schneiden. Den Sellerie schälen und würfeln. Die Champignons putzen, falls nötig, trocken abreiben, und die braunen Lamellen entfernen.

2. Die Butter in einem großen Topf erhitzen und Zwiebeln, Kartoffel und Sellerie darin andünsten. Den Lauch und die Champignons hinzufügen und alles mit dem Wein ablöschen. Die Brühe dazugeben und alle Zutaten mit geschlossenem Deckel etwa 20 Minuten garen. Den geriebenen Meerrettich und die Sahne hinzufügen und kurz aufkochen lassen. Alles mit dem Stabmixer fein pürieren, mit Salz und Pfeffer abschmecken und abkühlen lassen.

3. Für das Topping die Äpfel waschen und in etwa 3 mm dünne Scheiben schneiden. Nach Belieben mit einer Ausstechform Blätter ausstechen. Den Puderzucker in einer großen Pfanne erhitzen. Etwas Wasser dazugeben, damit er sich besser verteilt. Die Apfelscheiben hineingeben und bei mittlerer Hitze im Puderzucker karamellisieren, aber nicht bräunen. Herausnehmen und auf einem Teller abkühlen lassen. Dabei mehrmals wenden.

4. Für die Kartoffelblätterchips die Kartoffel schälen und auf dem Gemüsehobel in dünne Scheiben schneiden. Nach Belieben ebenfalls mit der Ausstechform Blätter ausstechen, in eine Schüssel mit Wasser legen und kühl stellen. Kurz vor dem Anrichten das Sonnenblumenöl in einem Topf erhitzen. Die Kartoffelchips mit Küchenpapier trocken tupfen und im Öl 3 bis 4 Minuten frittieren. Herausnehmen und auf Küchenpapier abtropfen lassen. Die Suppe wieder erhitzen.

5. Zum Anrichten die Apfelscheiben abwechselnd mit den Kartoffelscheiben locker auf die Spieße oder Zweige stecken. Die Suppe auf vorgewärmte hohe Schalen verteilen und etwas Sahne in die Mitte spritzen. Mit Rosa Pfeffer bestreuen, je 1 Spieß auf den Rand der Schale legen und die Suppe mit Schnittlauchröllchen bestreuen.

Roulade von der Lachsforelle

mit karamellisiertem
grünem Spargel

Zutaten für 4 Personen

Für den Fond (ca. 1 l):
ca. 800 g Fischfiletreste
200 ml Weißwein
2 Lorbeerblätter
5 Wacholderbeeren
Salz
2 Tomaten
1/4 Knollensellerie
1 1/2 Karotten
1/4 Fenchelknolle

Für die Roulade:
4 Lachsforellenfilets
Salz
Pfeffer aus der Mühle
8 Stangen grüner Spargel

Für das Gemüse:
300 g grüner Spargel
12 Cocktailtomaten
1 EL Butter
1 TL Zucker
Salz
Pfeffer aus der Mühle

Für die Kartoffelbällchen:
4 große Kartoffeln

Für die Sauce:
1 kleine Zwiebel
1 TL Butter
100 ml Weißwein
400 ml Fischfond (siehe oben)
200 g Sahne
Salz · Pfeffer aus der Mühle

Außerdem:
Butter für die Tassen
100 g Mandelblättchen
Parmesanspäne

1. Für den Fond die Fischreste mit 1 1/2 l Wasser und dem Wein in einen Topf geben. Lorbeerblätter, Wacholderbeeren und 1 TL Salz dazugeben und alles aufkochen. Die Gemüse putzen und waschen bzw. schälen, in kleine Würfel schneiden und dazugeben. Den Fond mit geschlossenem Deckel bei mittlerer Hitze 1 Stunde sanft köcheln lassen. Durch ein Sieb gießen und beiseitestellen.

2. Für die Roulade die Lachsforellenfilets auf beiden Seiten mit Salz und Pfeffer würzen. Mit der Hautseite nach oben auf die Arbeitsfläche legen. Den Spargel waschen und im unteren Drittel schälen, die holzigen Enden abschneiden. Die Stangen in 3 cm lange Stücke schneiden. Je 2 Spargelspitzen auf jedes Fischfilet legen und die Filets einrollen. Vier Tassen mit Butter einfetten und die Rouladen hineinsetzen. Die Tassen mit Fischfond auffüllen. Eine hohe Pfanne zur Hälfte mit Wasser füllen, die Tassen hineinstellen und die Rouladen mit geschlossenem Deckel bei schwacher Hitze 10 Minuten pochieren.

3. Inzwischen für das Gemüse Spargel waschen und im unteren Drittel schälen, die holzigen Enden abschneiden. Die Stangen in etwa 3 cm lange Stücke schneiden. Die Cocktailtomaten waschen und halbieren. Die Butter mit dem Zucker in einer Pfanne erhitzen, bis der Zucker geschmolzen ist. Spargel dazugeben und kurz karamellisieren. Cocktailtomaten hinzufügen, untermischen und erhitzen. Mit Salz und Pfeffer abschmecken.

4. Für die Kartoffelbällchen die Kartoffeln schälen und mit einem Kugelausstecher Bällchen ausstechen. In einem Topf Wasser aufkochen, die Kartoffelbällchen hineingeben und etwa 5 Minuten blanchieren. Mit dem Schaumlöffel herausheben und abtropfen lassen.

5. Für die Sauce die Zwiebel schälen und in feine Würfel schneiden. Die Butter in einem Topf erhitzen und die Zwiebel darin glasig dünsten. Mit dem Wein ablöschen, dann den Fischfond dazugeben und erhitzen, aber nicht aufkochen. Die Sauce durch ein Sieb in einen anderen Topf passieren, die Sahne dazugeben und kurz aufkochen lassen. Mit Salz und Pfeffer würzen.

6. Den Backofen auf 200 °C vorheizen. Die Mandelblättchen auf ein Blech geben und etwa 3 Minuten goldbraun rösten. Herausnehmen. Die Fischrouladen auf vorgewärmte Teller setzen. Spargel, Tomaten und Kartoffelbällchen daneben anrichten. Alles mit Parmesanspänen und Mandelblättchen bestreuen. Jede Portion mit etwas Sauce beträufeln.

Die Minze gibt den Frischekick – perfekt an einem heißen Sommertag.

Minzparfait

mit Schokolade
auf Himbeerspiegel

Zutaten für 4 Personen

Für das Parfait:
4 Stiele Minze
300 g Sahne
160 g Naturjoghurt
2 EL Zucker
1 EL Vanillezucker
1 Schuss Pfefferminzlikör (oder Pfefferminzsirup)

Für den Himbeerspiegel:
150 g tiefgekühlte Himbeeren
1 Schuss Himbeerlikör (oder Weinbrand)
2 EL Zucker
1 EL Speisestärke

Für den Weinstein:
3 EL Puderzucker

Für die Garnitur:
100 g Blockschokolade

Außerdem:
4 kleine Stiele Minze
frische Himbeeren

1. Für das Parfait die Minze waschen und trocken schütteln, die Blätter abzupfen und sehr fein hacken. Die Sahne steif schlagen. Joghurt, Zucker und Vanillezucker in einer Schüssel gründlich verrühren. Die Minze dazugeben und die Mischung mit Pfefferminzlikör abschmecken. Die Sahne unterheben. Eine große flache Form mit Backpapier auslegen und vier Dessertringe (à 7 cm Durchmesser) daraufsetzen. Die Masse etwa 2 cm hoch in die Ringe füllen und die Form mindestens 4 Stunden ins Tiefkühlfach stellen.

2. Inzwischen für den Himbeerspiegel die tiefgekühlten Himbeeren in einen Topf geben. Likör und Zucker dazugeben und alles erhitzen. Wenn die Mischung flüssig ist, den Topf vom Herd nehmen und die Himbeeren durch ein feines Sieb in einen zweiten Topf streichen. Die Speisestärke mit 3 EL kaltem Wasser glatt rühren, dann mit dem Schneebesen in die Himbeermasse rühren. Kurz aufkochen, bis sie eingedickt ist, abkühlen lassen und im Kühlschrank bis zum Anrichten kühl stellen.

3. Für den Weinstein den Backofen auf 250 °C vorheizen und ein Backblech mit Backpapier belegen. Den Puderzucker auf das Blech streuen, sodass es bedeckt ist. Das Blech in den Ofen schieben und dabei warten, bis der Zucker sich zu Tropfen formt. Herausnehmen, das Backpapier vom Blech ziehen und die Zuckertropfen auskühlen lassen, dann auf einen Teller geben.

4. Für die Garnitur eine Dachrinnenform oder Schüssel mit Backpapier auslegen. Die Schokolade über dem heißen Wasserbad schmelzen und in einen Spritzbeutel füllen. Eine dünne Spitze vom Spritzbeutel abschneiden und die Schokolade dünn in einer fließenden Bewegung in die Form spritzen. Im Kühlschrank fest werden lassen und vor dem Servieren vorsichtig aus der Form lösen.

5. Zum Anrichten die Himbeersauce auf flachen Tellern verstreichen. Die Parfaits vorsichtig aus den Ringen lösen und auf den Himbeerspiegel setzen. Mit der Schokolade, Minze und je 1 Himbeere garnieren. Den süßen Weinstein am Tellerrand verteilen.

Sauerkrautsuppe

mit Pfefferbeißern und Paprika

Zutaten für 4 Personen

1 große Zwiebel
2 Knoblauchzehen
2 rote Paprikaschoten
2 grüne Paprikaschoten
Olivenöl
400 ml Gemüsebrühe
200 ml Silvaner (oder ein anderer trockener Weißwein)
1 EL grüne Pfefferkörner (aus dem Glas)
2 TL Paprikapulver
350 g Sauerkraut
4 Pfefferbeißer (am besten feste)
400 g Sahne

1. Die Zwiebel und den Knoblauch schälen und in feine Würfel schneiden. Die Paprikaschoten längs halbieren, entkernen, waschen und in kleine Würfel schneiden.

2. Das Olivenöl in einem Topf erhitzen. Zwiebel, Knoblauch und Paprika darin glasig andünsten. Die Brühe und den Wein dazugeben und die Pfefferkörner hinzufügen. Mit dem Paprikapulver würzen.

3. Das Sauerkraut klein schneiden und ebenfalls in den Topf geben. Die Pfefferbeißer in dünne Scheiben schneiden und zum Sauerkraut geben. Alles bei mittlerer Hitze etwa 10 Minuten köcheln lassen.

4. Die Sahne hinzufügen, unterrühren und vorsichtig erhitzen. Die Suppe sollte jetzt nicht mehr kochen. Die Sauerkrautsuppe auf Teller verteilen und servieren.

Lammfilet

mit Süßkartoffeln
und Wildkräuterpesto

Zutaten für 4 Personen

Für das Pesto:
100 g Wildkräuter
(z. B. Giersch, Spitzwegerich,
Gänseblümchen, Löwenzahn,
Brennnessel)
100 g Kopfsalat
2 Knoblauchzehen
50 g Pinienkerne
80–100 ml gutes Olivenöl
50 g geriebener Parmesan
50 g gemahlene Haselnüsse
Salz
Pfeffer aus der Mühle

Für den Dip:
1 Knoblauchzehe (nach Belieben)
1 Zweig Thymian
250 g saure Sahne
Salz
Pfeffer aus der Mühle

Für die Süßkartoffelscheiben:
3 große Süßkartoffeln
5 EL Olivenöl
Salz
1 Spritzer Zitronensaft

Für das Lammfilet:
2 EL Olivenöl
1 EL Butter
750 g Lammfilet (oder Lamm-
lachse)
Salz
Pfeffer aus der Mühle

1. Für das Pesto die Kräuter waschen, trocken schütteln und fein schneiden. Den Kopfsalat ebenfalls waschen und sehr gut trocken schleudern. Den Knoblauch schälen und grob hacken. Die Pinienkerne ebenfalls hacken. Kräuter, Kopfsalat, Knoblauch und Pinienkerne in einen hohen Rührbecher geben und mit dem Stabmixer pürieren. Während des Pürierens so viel Olivenöl dazugeben, bis eine glatte Creme entstanden ist. Den Parmesan und die gemahlenen Nüsse unterrühren und das Pesto kräftig mit Salz und Pfeffer abschmecken.

2. Für den Dip den Knoblauch schälen und sehr fein hacken. Den Thymian waschen, trocken tupfen und die Blättchen abzupfen. Die saure Sahne mit Knoblauch, Thymian, Salz und Pfeffer würzen.

3. Für die Süßkartoffelscheiben die Süßkartoffeln waschen oder schälen und in etwa 1 cm dicke Scheiben schneiden. 2 EL Olivenöl mit etwas Salz und Zitronensaft verrühren und die Süßkartoffelscheiben damit bestreichen. Das übrige Olivenöl in einer Pfanne erhitzen und die Scheiben darin auf beiden Seiten braun braten.

4. Inzwischen für das Lammfilet das Öl und die Butter in einer beschichteten Pfanne erhitzen. Das Lammfilet darin bei mittlerer Hitze rundum anbraten. Die Pfanne vom Herd nehmen und das Fleisch etwa 5 Minuten ziehen lassen. Mit Salz und Pfeffer würzen und mit etwas Pesto bestreichen.

5. Das Lammfilet in Scheiben schneiden und auf Teller verteilen. Die Süßkartoffeln und den Dip daneben anrichten. Das Gericht nach Belieben mit Wildkräutern garnieren und servieren.

Mein Tipp:
Übriges Pesto in einem Schraubglas im Kühlschrank aufbewahren und in den nächsten Tagen mit frischen Nudeln genießen.

Ackerbau, Milchwirtschaft und Stromerzeugung in der Biogasanlage sind die Hauptstandbeine der Familie Leyh. Im traditionellen Bauerngarten des Drei-Generationen-Hofs zieht Ute Leyh mit ihrer Schwiegermutter Gemüse, Beeren und Kräuter für den eigenen Bedarf.

Ute Leyh

Am Rande der Haßberge vermittelt die Erlebnisbäuerin mit Begeisterung ihr Wissen über den Hofalltag, Pflanzen und Tiere.

„Manchmal frage ich mich schon, wie ich das alles unter einen Hut bringe", sagt Ute Leyh lachend. Tatsächlich ist der Alltag der Landfrau aus Rentweinsdorf am Rande der Haßberge ganz schön stramm. 140 Kühe gilt es zu versorgen, dazu rund 200 Hektar Ackerfläche und einen großen Bauerngarten, in dem das Gemüse für den Bedarf der Familie wächst. Wie gut, dass die Schwiegereltern, ihr Mann und die zwei Angestellten die meiste Arbeit im Betrieb erledigen. Denn so bleibt ihr ausreichend Zeit für das, was sie am liebsten macht: Immer wieder tönt vielstimmiges Kinderlachen über den gut 300 Jahre alten Hof, der am Ortsende auf einer Anhöhe zwischen dem Baunach- und dem Itzgrund liegt.

Denn Ute Leyh ist mit Leib und Seele Erlebnisbäuerin und führt bei Schulausflügen oder Geburtstagsfeiern immer wieder gerne Kindergruppen über den Hof. Für die ganz Wissbegierigen bietet sie auch sogenannte Jahreskurse an, bei denen Gruppen von Kindern zwischen zwei und sechs Jahren mit ihren Eltern vom Frühjahr bis in den Herbst hinein jeden Monat auf den Hof kommen, um den Jahresablauf auf dem Bauernhof zu erleben. „Wir machen ganz viele spannende Sachen: Wir gehen zu den Kühen und füttern sie. Wir gehen in die Wiese und lernen Blumen und Kräuter kennen. Wenn das Getreide reif ist, dürfen die Kinder Korn mahlen und Brötchen backen und dann für das Butterbrot selbst die Butter schütteln … Selbst wenn Kinder wiederholt dabei sind, wird ihnen nie langweilig: Denn auf dem Bauernhof gibt es immer wieder etwas Neues zu entdecken. Wir müssen für unser Angebot nicht einmal Werbung machen – seit wir damit angefangen haben, ist es ein reiner Selbstläufer."

Die fünf Jahre alte Entscheidung des bayerischen Kultusministeriums zu empfehlen, dass jeder Grundschüler mindestens einmal auf einem Bauernhof gewesen sein soll, tat ein Übriges, das Bewusstsein dafür zu schärfen, dass auch landwirtschaftliche Kreisläufe wichtige Lerninhalte sind, die sich nirgendwo so gut vermitteln lassen wir direkt am Hof. Ute Leyh, die ursprünglich einmal Grundschullehramt studieren wollte, ist beim Gestalten ihrer Kurse und Kinderevents jedenfalls völlig in ihrem Element. „Das Studium habe ich an den Nagel gehängt, weil mir die vorgeschriebenen Lerninhalte zu festgefahren waren. Stattdessen wollte ich Dorfhelferin werden. Und während der dafür nötigen Ausbildung in ländlicher Hauswirtschaft habe ich dann meinen Mann kennengelernt", erzählt sie lachend. Durch die Tätigkeit als Erlebnisbäuerin schließt sich nun für sie quasi ein Kreis. „Gerade mache ich noch eine Ausbildung zur Erlebnispädagogin. Danach kann ich auf dem Hof auch Teamtrainings für Gruppen anbieten."

Schon ohne diese Ausbildung wäre die unterfränkische Landfrau mehr als ausgelastet, sie hat sechs Kinder: vier Buben und zwei Mädchen zwischen neun und 19. Und wenn es bei den Leyhs Mittagessen gibt – gerne Nudeln in allen Variationen, denn die sind beim Nachwuchs immer gefragt –, sitzen gern einmal zwölf, 13 Personen um den Tisch: Neben den Kindern und ihrem Mann Markus die Schwiegereltern, von denen die Leyhs den Hof übernommen haben, sowie die Mitarbeiter, darunter auch Manuel, ein junger Mann mit Downsyndrom. „Manuel kam zu uns über die Initiative ‚Mensch inklusive', sie vermittelt Absolventen der Sonderschule, die nicht in einer Behindertenwerkstatt arbeiten möchten." Als Manuel sagte, er wolle gerne etwas mit Kühen machen, fragte die Initiative auf dem Leyh-Hof an; inzwischen ist er aus der Hofgemeinschaft nicht mehr wegzudenken.

Über dem Lagerfeuer wird dem Lachs ordentlich eingeheizt! Weniger Abenteuer-lustige nehmen den Backofen.

Wildkräutersalat

mit Frischkäse-Kräuterbällchen, Lachs vom Brett und Brotschnecken

Zutaten für 4–6 Personen

Für die Brotschnecken:
400 g Dinkelmehl
100 g Roggenvollkornmehl
Salz · 2 EL Olivenöl
1/2 Würfel Hefe (20 g)
125 g zimmerwarme Butter
Salz · Pfeffer aus der Mühle
getrocknete Kräuter

Für die Käsebällchen:
200 g Feta (Schafskäse)
200 g körniger Frischkäse
Pfeffer aus der Mühle
2 EL Sonnenblumenkerne
2 EL Leinsamen
2 EL Olivenöl
Löwenzahnblütenblätter

Für den Lachs:
2 EL Wacholderbeeren
2 EL bunte Pfefferkörner
1 Lachsseite mit Haut (ohne
Gräten) · Salz

Für den Salat:
Wildkräuter und -blüten der
Saison (z. B. Melde, Gänseblüm-
chen, Rotkleeblüten, Saueramp-
fer, Löwenzahnblätter, Giersch-
blätter, Spinat, Rote-Bete-Blätter)
1 Kopfsalat oder gemischte Blatt-
salate

Für das Dressing:
80 ml Himbeer- oder
Cranberryessig
10 g Honig
5 EL Olivenöl
Pfeffer aus der Mühle
Salz

1. Am Vortag für die Brotschnecken beide Mehle, 1 TL Salz, das Olivenöl und die zerbröckelte Hefe in eine Schüssel geben. 340 ml lauwarmes Wasser dazugeben und alle Zutaten zu einem glatten Teig verarbeiten. Den Teig zugedeckt über Nacht kühl stellen oder im Warmen gehen lassen, bis sich sein Volumen verdoppelt hat.

2. Am nächsten Tag für die Frischkäsebällchen den Feta mit einer Gabel zerdrücken. Mit den übrigen Zutaten bis auf die Löwenzahnblütenblätter verrühren und zu kleinen Kugeln formen. In den Löwenzahnblütenblättern wälzen.

3. Den Hefeteig auf die Arbeitsfläche legen. Die Butter mit Salz, Pfeffer und den getrockneten Kräutern verrühren. Den Backofen auf 200 °C vorheizen. Den Teig zu einem etwa 5 mm dicken Rechteck ausrollen, mit der Kräuterbutter bestreichen und von der langen Seite her aufrollen. Die Rolle in Scheiben schneiden, in Muffinformen setzen und auf der mittleren Schiene etwa 25 Minuten backen. Herausnehmen und lauwarm abkühlen lassen.

4. Inzwischen für den Lachs die Wacholderbeeren und die Pfefferkörner grob zerkleinern. Die Lachsseite mit der Gewürzmischung und 2 EL Salz würzen und ziehen lassen. Ein unbehandeltes Holzbrett mehrere Stunden wässern. Ein Lagerfeuer schüren und den Fisch mit unverzinkten, etwa 10 cm langen Nägeln auf das gewässerte Brett nageln. Das Brett 20 bis 30 cm neben das Feuer stellen. Nach etwa 20 Minuten vorsichtig probieren, ob sich das Fleisch mit der Gabel leicht ablösen lässt. Dann ist der Lachs fertig.

5. Für den Salat die Wildkräuter und -blüten verlesen, waschen und trocken tupfen. Vom Kopfsalat die äußeren Blätter entfernen. Den Salat in die einzelnen Blätter teilen, waschen, trocken schleudern und in mundgerechte Stücke zupfen. Oder die gemischten Blattsalate waschen und trocken tupfen. Die Wildkräuter und die Salatblätter mischen.

6. Für das Dressing alle Zutaten mit 1 TL Salz und 70 ml Wasser mit dem Stabmixer mischen und aufschäumen. Den Salat kurz mit dem Dressing marinieren.

7. Den Salat auf Teller verteilen und die Frischkäsebällchen daraufsetzen. Den Lachs und die Brotschnecken daneben anrichten. Nach Belieben mit essbaren Blüten oder frittierten Brennnesselblättern garnieren.

Psst ... der herzhafte Baumkuchen ist der heimliche Star dieses feinen Gerichts.

Kalbsröllchen

mit Brennnessel-Giersch-Füllung, Kartoffelbaumkuchen und Frühlingsgemüse

Zutaten für 4–6 Personen

Für die Sauce:
500 g Sahne · 1 Stiel Pfefferminze
3 Stiele Zitronenmelisse
Salz · Pfeffer aus der Mühle

Für den Baumkuchen:
500 g vorwiegend festkochende
Kartoffeln · Salz · 80 g Mehl
120 g Speisestärke · 8 Eier
80 g weiche Butter
Pfeffer aus der Mühle
frisch geriebene Muskatnuss
Olivenöl zum Braten

Für die Röllchen:
8 Kalbsschnitzel (à ca. 80 g)
Salz · Pfeffer aus der Mühle
1 kleines Glas getrocknete To-
maten (in Öl) · 1 große Schüssel
junge Gierschblätter und zarte
Brennnesselspitzen · 2 EL Oliven-
öl · 1 Zwiebel (fein gewürfelt)
1–2 Knoblauchzehen (fein
gewürfelt)
300 g Frischkäse
1–2 EL Limettensaft
200 g gehobelter Parmesan
8 große Scheiben geräucherter
Schinken · Mehl
Butterschmalz zum Anbraten
150 ml trockener Weißwein

Für das Gemüse:
100 g Butter · Blätter von 1 Bund
Petersilie · je 400 g weißer und
grüner Spargel · 250 g Cocktail-
tomaten · Olivenöl · 1 Bund Früh-
lingszwiebeln (in Ringen)
Salz · Pfeffer aus der Mühle
2 EL Honig

1. Am Vortag für die Sauce die Sahne mit Pfefferminze und Melisse aufkochen und über Nacht kühl stellen. Für den Baumkuchen die Kartoffeln mit der Schale waschen und in Salzwasser weich garen. Pellen und zweimal durch die Kartoffelpresse drücken, abkühlen lassen. Mehl und Stärke mischen, die Eier trennen und die Eiweiße steif schlagen. Die Butter schaumig rühren, die Eigelbe unterrühren. Die Mehlmischung unterrühren und die Kartoffeln unterheben. Den Teig kräftig mit Salz, Pfeffer und Muskatnuss würzen und den Eischnee unterheben.

2. Den Backofengrill auf 250 °C vorheizen. Auf einem mit Backpapier belegten Backblech 4 bis 5 EL Kartoffelmasse rund verstreichen und auf der zweiten Schiene von unten 6 bis 7 Minuten goldbraun grillen. Herausnehmen. Diesen Vorgang sechsmal wiederholen. Baumkuchen abkühlen lassen.

3. Am nächsten Tag für die Röllchen die Kalbsschnitzel trocken tupfen und flacher klopfen. Mit Salz und Pfeffer würzen. Die Tomaten würfeln. Wildkräuter waschen, trocken tupfen und klein schneiden. Öl erhitzen und die Zwiebel und den Knoblauch darin anbraten. Giersch und Brennnesseln dazugeben und zusammenfallen lassen. Frischkäse, Tomaten, Salz, Pfeffer und Limettensaft dazugeben. Den Parmesan unterrühren und die Masse etwas abkühlen lassen.

4. Die Schnitzel mit dem Schinken belegen und die Füllung darauf verteilen. Schnitzel aufrollen, mit Zahnstochern fixieren und im Mehl wenden. Fleisch in einer Pfanne im Butterschmalz rundum anbraten. Herausnehmen und den Bratensatz mit dem Wein ablöschen. Röllchen in die Pfanne legen und zugedeckt bei schwacher Hitze gar ziehen lassen.

5. Für das Gemüse die Butter klären. Die Petersilienblätter hacken, dazugeben. Spargel schälen (grünen Spargel nur im unteren Drittel), holzige Enden abschneiden. Schräg in Stücke schneiden. Tomaten waschen, halbieren. Frühlingszwiebeln in einer Pfanne mit Öl andünsten. Spargel darin bissfest braten. Tomaten dazugeben, alles mit Salz, Pfeffer und Honig abschmecken. Zum Servieren mit Petersilienbutter beträufeln.

6. Backofen auf 80 °C vorheizen. Die Röllchen aus der Pfanne nehmen und warm halten. Die Kräutersahne aus dem Kühlschrank nehmen, die Kräuter entfernen und die Sahne in den Bratfond geben. Aufkochen, mit Salz und Pfeffer abschmecken. Den Kartoffelbaumkuchen stürzen, in Rauten schneiden. In einer Pfanne mit Öl anbraten. Die Röllchen in Scheiben schneiden und mit Sauce, Kartoffelrauten und Gemüse anrichten.

Nicht genug Geduld für die Eismaschine?
Dann gleich aus der gekühlten Creme
Nocken ausstechen und auf
der Zunge zergehen lassen …

Joghurt-Honig-Eis

auf
marinierten Erdbeeren

Zutaten für 4–6 Personen

500 g Sahne
500 g Naturjoghurt
125 g Honig
Rhabarber-Holunderlikör
(ersatzweise Orangenlikör)
750 g Erdbeeren
2 Stiele Pfefferminze
2–3 EL Puderzucker
Holunderblüten oder Gänse-
blümchen zum Garnieren

1. Am Vortag die Sahne steif schlagen. Den Joghurt mit dem Honig verrühren und mit etwas Rhabarber-Holunderlikör abschmecken. Die geschlagene Sahne unterheben. Ein Sieb mit einem Tuch auslegen und die Masse einfüllen. Das Sieb in eine Schüssel hängen oder stellen und das Ganze zugedeckt über Nacht kühl stellen.

2. Am nächsten Tag die Erdbeeren waschen, putzen und halbieren oder in Scheiben schneiden. Die Pfefferminze waschen und trocken tupfen, die Blätter abzupfen, nach Belieben ein paar kleine Blätter für die Deko beiseitelegen, die übrigen Blätter sehr fein schneiden. Die Erdbeeren mit dem Puderzucker, etwas Likör und der klein geschnittenen Pfefferminze marinieren.

3. Die Joghurt-Honig-Creme in die Eismaschine füllen und etwa 30 Minuten gefrieren lassen.

4. Die marinierten Erdbeeren auf Teller verteilen. Jeweils 1 große Kugel Eis ausstechen und auf den Erdbeeren anrichten. Das Dessert nach Belieben mit Holunderblüten oder Gänseblümchen und kleinen Minzeblättern garnieren und servieren.

Lagerfeuerpizza

nach
Calzone-Art

Zutaten für ca. 6 Personen

Für den Teig:
1 kg Weizen- oder Dinkelmehl
1 Würfel Hefe (42 g)
Salz
2 EL Olivenöl

Für die Sauce:
1 kg stückige Tomaten (im Tetrapak)
Salz
Pfeffer aus der Mühle
4 EL Pizzagewürz

Für den Belag:
500 g Gemüse (z. B. Champignons, Zwiebeln, Paprikaschote)
250 g Schinken oder Salami
400 g geriebener Käse (z. B. Emmentaler, Mozzarella)

1. Für den Teig das Mehl in eine große Schüssel geben. Die Hefe zerkrümeln und hinzufügen. 2 TL Salz, das Olivenöl und etwa 1/2 l lauwarmes Wasser dazugeben und alle Zutaten zu einem Teig verkneten. Die Schüssel mit einem Küchentuch abdecken und an einen warmen Ort stellen. Den Hefeteig 30 Minuten gehen lassen, bis er sein Volumen verdoppelt hat.

2. Für die Tomatensauce die stückigen Tomaten mit Salz, Pfeffer und Pizzagewürz würzen. Das Gemüse putzen oder schälen und gegebenenfalls waschen. Alles in kleine Stücke schneiden.

3. Ein etwa 30 cm langes Stück Alufolie auf die Arbeitsfläche legen und mit Backpapier belegen. Eine 100-g-Portion vom Hefeteig abnehmen und auf dem Backpapier etwa 1 cm dünn ausrollen. Mit Tomatensauce bestreichen und mit Zutaten nach Wahl belegen. Die Pizza mitsamt dem Backpapier und der Alufolie zusammenklappen und die Alufolie um die Calzone-Pizza fest verschließen. Auf diese Weise mehrere Pizzapäckchen zubereiten.

4. Die Pizzapäckchen in die Glut des Grills legen und 5 bis 10 Minuten darin backen. Päckchen umdrehen und weitere 5 bis 10 Minuten backen. Auspacken und genießen.

Überbackene Mangoldpfannkuchen

mit
Tomatensauce

Zutaten für 6 Personen

Für den Teig:
500 g Weizen- oder Dinkelmehl
5 Eier
1/2 l Milch
Salz

Für die Sauce
1 Zwiebel
2 Knoblauchzehen
1 EL Olivenöl
500 g stückige Tomaten
Saft von 1 Zitrone
Zucker
Salz
Pfeffer aus der Mühle
getrocknete italienische Kräuter

Für die Füllung:
1 Zwiebel
3 Knoblauchzehen
300 g Mangold
1 EL Olivenöl
200 g Schmand oder Frischkäse
Salz
Pfeffer aus der Mühle
frisch geriebene Muskatnuss
oder gemahlener Kreuzkümmel

Außerdem:
Fett zum Backen
250 g geriebener Käse
(z. B. Emmentaler)

1. Für den Pfannkuchen alle Zutaten mit 1/2 TL Salz zu einem Teig verrühren und kurz ruhen lassen. Etwas Fett in einer großen beschichteten Pfanne erhitzen und darin nacheinander 10 bis 12 Pfannkuchen backen, bis der Teig aufgebraucht ist.

2. Für die Sauce die Zwiebel und den Knoblauch schälen und in feine Würfel schneiden. Das Olivenöl erhitzen und Zwiebel und Knoblauch darin andünsten. Die stückigen Tomaten dazugeben, die Sauce mit Zitronensaft, Zucker, Salz, Pfeffer und den italienischen Kräutern würzen und etwa 15 Minuten köcheln lassen.

3. Inzwischen für die Füllung die Zwiebel und den Knoblauch schälen und in feine Würfel schneiden. Den Mangold putzen und waschen, die Blätter in Streifen schneiden, die Stiele in dünne Streifen oder Würfel schneiden.

4. Das Olivenöl erhitzen, die Zwiebel und den Knoblauch darin andünsten. Die Mangoldstiele dazugeben und etwa 5 Minuten dünsten. Die Blätter hinzufügen und dünsten, bis sie zusammenfallen. Den Schmand oder den Frischkäse unterrühren und das Gemüse mit Salz, Pfeffer und Muskatnuss oder Kreuzkümmel abschmecken.

5. Den Backofen auf 180 °C vorheizen. Die Pfannkuchen mit der Mangoldfüllung bestreichen, aufrollen und dicht nebeneinander in eine ofenfeste Form legen. Die Tomatensauce darüber verteilen und alles mit dem Käse bestreuen. Im Ofen auf der mittleren Schiene etwa 25 Minuten backen. Dazu passt ein grüner Salat.

Mittelfranken

So märchenhaft sehen hier manche Orte aus, dass man sich
nicht wundern würde, ein Tischleindeckdich zu finden.
Und tatsächlich steht hier überall eines: Die Landfrauen
kochen einfach großartig auf!

Fachwerkhäuser wechseln sich mit Burgen ab, malerische Winkel mit Rad- und Wanderwegen, Felder mit romantischen Flusslandschaften – Mittelfranken geizt nicht mit sehenswerten Eindrücken. Und hat mit seinen Wurst-, Brot- und Bierspezialitäten auch kulinarisch ordentlich was drauf!

Vom PC direkt ins Grüne: Seit Theresa ihren Job in der Finanzbranche an den Nagel hängte, lebt und arbeitet sie auf dem Gemüsehof der Familie Link. Hier fand sie die Liebe ihres Lebens – und die Erfüllung in einem Arbeitsumfeld, in dem man jeden Tag ernten kann, was man sät.

Theresa Frantz

Durch einen Berufswechsel fand sie im fränkischen Knoblauchsland ihre neue Lebensaufgabe – und die große Liebe.

„Kehl", „Boddaggn", „Schloten" und „Zeller" kommen bei Theresa jeden Tag auf den Teller. Wirsing, Kartoffeln, Lauchzwiebeln und Sellerie, wie die Feldfrüchte nicht auf Fränkisch, sondern auf Hochdeutsch heißen, sind nur einige der rund 25 Gemüse- und Salatsorten, die auf dem Hof der Familie Link im Nürnberger Knoblauchsland täglich geerntet werden. „Aus Gemüse kann man zig verschiedene Rezepte zaubern. Das fasziniert mich", sagt Theresa, und wenn man ihr dabei zusieht, wie sie mit leichter Hand in ihrer hell eingerichteten Küche Salatköpfe und Gemüse in fruchtig-knackige Salatkompositionen oder raffiniert gewürzte vegetarische Gerichte verwandelt, glaubt man ihr diese Begeisterung sofort.

Ihrem Leben wieder mehr Frische geben – das wünschte sich die gelernte Wirtschaftsfachwirtin auch vor ein paar Jahren, als sie spürte, dass sie ihr Job als Finanzdienstleisterin nicht mehr ausfüllte. Sie bewarb sich im Familienunternehmen von Peter und Karin Link, die im Herzen des Knoblauchslands in vierter Generation Gemüse anbauen. Ihr ältester Sohn

»Ich koche wahnsinnig gern mit Gemüse. Es ist so vielseitig!«

Stefan ist der Juniorchef des Betriebs, und Theresa wurde zunächst seine Angestellte. Sympathie gab es zwischen den beiden von Anfang an. Doch mit dem Chef anbandeln? Da blieb Theresa lieber zurückhaltend! Bis es schließlich auf dem Christkindlesmarkt doch zwischen den beiden funkte – und Stefan sie davon überzeugte, dass Berufliches und Privates durchaus zusammenpassen. „Wir sind alle sehr froh, dass Stefan die Theresa gefunden hat", meint denn auch

Seniorchef Peter – und spricht damit für die ganze Familie. Theresas Faible für Gemüse und ihre Freundlichkeit im Umgang mit Kunden brachten ihr schnell mehr Verantwortung ein: Zusammen mit Stefan ist sie heute die Juniorchefin des Betriebs und kümmert sich um die Verwaltung und die Vermarktung der Produkte an die Gastronomie.

Landwirte wie die Familie Link produzieren im Knoblauchsland nicht nach Masse, sondern nach Klasse. Anders als bei vielen Gemüseproduzenten heute wurzeln die Gurken, Eichblatt- und Kopfsalate, Kohlköpfe, Rettiche oder Radieschen auf den Feldern und in den Glashäusern der Links noch in richtiger Erde – und nicht in Substrat. Stefans Mutter Karin, Chefin des familieneigenen Hofladens, kann ihre Salate und Gemüsesorten jeden Tag erntefrisch direkt vom Feld weg verkaufen. Die Böden im Knoblauchsland sind locker, die Landwirte achten auf eine gesunde Fruchtfolge – optimale Bedingungen also für alle, die die grüne Küche schätzen und lieben.

„Ein schöner Salat" gehört für mich jeden Tag zu einem guten Essen dazu", bekräftigt Theresa. Je nach Saison gerne auch zweimal: mittags, wenn sie mit Stefan eine Arbeitspause einlegt, und abends, wenn nach Feierabend richtig gekocht wird. Theresa liebt es, die frischen Aromen feinsinnig aufeinander abzustimmen und beim Garen die Dinge auf den Punkt zu bringen. Schön knackig soll das Gemüse sein und zart der Salat. Dabei geht sie ganz nach Gefühl vor und kann sich auf ihre Erfahrung verlassen: „Es ist schön, wenn man das Produkt, mit dem man kocht, gleich nach der Ernte direkt in Händen halten kann. Dann weiß man, wie es duftet und wie es sich anfühlt, wenn es ganz frisch ist!"

Rucolasalat

mit gegrillten Weinbergpfirsichen und Büffelmozzarella

Zutaten für 4 Personen

Für den Salat:
1 roter Eichblattsalat
4 Bund Rucola
3 große Weinbergpfirsiche
Olivenöl
Salz
Pfeffer aus der Mühle
4 EL Pinienkerne
2 Päckchen Mini-Büffelmozza-rella (250 g Abtropfgewicht)

Für das Dressing:
150 ml Olivenöl
100 ml Balsamico bianco
1 Schuss Orangenessig (oder frisch gepresster Orangensaft)
1 TL Dijon-Senf
Salz
Pfeffer aus der Mühle

1. Für den Salat den Eichblattsalat putzen, waschen und trocken schleudern, die Blätter in mundgerechte Stücke zupfen. Den Rucola verlesen, waschen und trocken schleudern, grobe Stiele entfernen. Rucola nach Belieben in mundgerechte Stücke schneiden.

2. Die Pfirsiche waschen, halbieren, jeweils den Stein entfernen und das Fruchtfleisch in etwa 5 mm dicke Spalten schneiden. In einer Schüssel mit etwas Olivenöl, Salz und Pfeffer mischen. Dann in einer Grillpfanne bei starker Hitze kurz anbraten. Herausnehmen und abkühlen lassen. Die Pinienkerne in einer beschichteten Pfanne ohne Fett goldbraun rösten und beiseitestellen.

3. Für das Dressing alle Zutaten in einem Shaker gut vermischen, bis sich eine Emulsion gebildet hat.

4. Eichblattsalat und Rucola mit dem Dressing mischen und auf Salattellern oder in Schalen anrichten. Die Mozzarellakugeln abtropfen lassen, etwas auseinanderzupfen und auf dem Salat verteilen. Mit frisch gemahlenem Pfeffer bestreuen. Die Pfirsichspalten und die Pinienkerne auf dem Salat anrichten.

Diese Aromen entführen Ihre Gäste in ein Märchen aus 1001 Nacht.

Orientalisches Knoblauchslandgemüse

mit Lammrücken, Joghurtsauce und Kartoffelwürfeln

Zutaten für 4 Personen

Für das Gemüse:
1 Blumenkohl
4 große Rote Beten
5 Karotten
1 EL Kreuzkümmelsamen
1 Bio-Zitrone
6 EL Olivenöl
Chilipulver (Menge nach Geschmack)
Salz
1 kleines Bund Petersilie

Für die Kartoffelwürfel:
1 1/2 kg festkochende Kartoffeln
Salz
Pfeffer aus der Mühle
Paprikapulver (edelsüß)
Olivenöl

Für die Sauce:
2 Stiele Minze
300 g Naturjoghurt
3 EL Olivenöl
Salz
Pfeffer aus der Mühle

Für den Lammrücken:
2 EL Olivenöl
3 Zweige Rosmarin
1 Knoblauchzehe
800 g Lammrücken (ohne Knochen)
Salz
Pfeffer aus der Mühle

1. Für das Gemüse den Blumenkohl putzen, waschen und in Röschen teilen. Die Roten Beten schälen und mit einem Kugelausstecher zu kleinen Kugeln formen (oder in Spalten schneiden). Die Karotten putzen, schälen und in Scheiben schneiden. Den Backofen auf 200 °C vorheizen. Den Kreuzkümmel in einer Pfanne ohne Fett anrösten, bis er duftet.

2. Die Zitrone heiß waschen, trocken reiben und die Schale abreiben. 1 EL Saft auspressen. Beides mit dem Kreuzkümmel, dem Olivenöl, Chilipulver und Salz verrühren. Ein Backblech mit zwei Dritteln des Gewürzöls bestreichen. Das Gemüse darauf verteilen und mit dem übrigen Öl beträufeln. Das Gemüse im Ofen auf der mittleren Schiene etwa 40 Minuten backen.

3. Inzwischen für die Kartoffelwürfel die Kartoffeln schälen und in etwa 1 cm große Würfel schneiden. In einer Schüssel mit Salz, Pfeffer und Paprikapulver würzen, mit einigen Spritzern Olivenöl beträufeln und alles gut mischen. Dann in einer Pfanne ohne Fett mit geschlossenem Deckel bei mittlerer Hitze etwa 25 Minuten garen. Am Ende der Garzeit die Hitze erhöhen und die Kartoffelwürfel offen goldbraun rösten.

4. Für die Joghurtsauce die Minze waschen und trocken tupfen, die Blätter abzupfen und fein hacken. Mit Joghurt und Olivenöl mischen und mit Salz und Pfeffer abschmecken.

5. Für den Lammrücken das Olivenöl in einer Pfanne erhitzen. Die Rosmarinzweige und den Knoblauch ungeschält dazugeben und kurz anbraten, bis sie ihr Aroma an das Öl abgegeben haben. Beides herausnehmen. Das Lammfleisch in die Pfanne geben, mit Salz und Pfeffer würzen und scharf auf allen Seiten anbraten. Anschließend in Alufolie wickeln und kurz ruhen lassen.

6. Die Petersilie waschen, trocken schütteln und die Blätter abzupfen. Den Lammrücken aus der Folie nehmen, in Scheiben schneiden und mit dem Gemüse, den Kartoffelwürfeln und der Joghurtsauce auf Tellern anrichten. Das Gemüse mit der Petersilie bestreuen.

Semifreddo

mit Himbeeren, Pistazienkrokant
und Joghurttupfen

Zutaten für 4 Personen

*Für die Himbeersauce und
das Semifreddo:*
500 g Himbeeren
1 EL + 120 g Puderzucker
4 Eigelb
600 g Sahne
1 Handvoll Himbeeren zum
Garnieren

Für die Joghurtsauce:
1/2 Bio-Zitrone
120 g griechischer Joghurt
1/2 TL Puderzucker

Für den Krokant:
80 g ungesalzene Pistazienkerne
100 g Zucker

1. Für die Himbeersauce die Himbeeren verlesen, waschen und trocken tupfen. Mit 1 EL Puderzucker mit dem Stabmixer pürieren und durch ein Sieb streichen, um die Kerne zu entfernen. Die Himbeersauce beiseitestellen.

2. Für das Semifreddo die Eigelbe und 120 g Puderzucker in einer Schüssel über dem heißen Wasserbad etwa 5 Minuten aufschlagen, bis die Masse hell und cremig ist und sich der Zucker fast aufgelöst hat. Vom Wasserbad nehmen und weitere 5 Minuten aufschlagen. Die Sahne steif schlagen. 8 EL Himbeersauce unter die Sahne rühren und die Himbeersahne unter die Eigelb-Puderzucker-Mischung heben.

3. Vier kleine Gläser (à ca. 200 ml Inhalt) zu einem Drittel mit der Creme befüllen und je 1 EL Himbeersauce daraufgeben. Mit einem Zahnstocher verwirbeln. Je 4 Himbeeren auf das Püree setzen. Die Schritte wiederholen und mit einer Schicht Creme abschließen. Die Gläser abdecken und die Creme im Tiefkühlfach mindestens 6 Stunden gefrieren lassen.

4. Für die Joghurtsauce die Zitrone heiß waschen, trocken reiben und die Schale abreiben. Mit Joghurt und Puderzucker mischen und zugedeckt mindestens 1 Stunde im Kühlschrank durchziehen lassen.

5. Für den Pistazienkrokant die Pistazien in einen Gefrierbeutel geben und mit dem Nudelholz grob zerkleinern. Ein Backpapier auf der Arbeitsfläche auslegen. Den Zucker in einer Pfanne bei mittlerer Hitze langsam schmelzen lassen, bis er goldbraun karamellisiert. Die Pfanne sofort vom Herd nehmen, die Pistazien dazugeben und rasch mit dem Zucker mischen. Auf dem Backpapier flach ausstreichen und komplett abkühlen lassen. Den abgekühlten Krokant wieder in einem Gefrierbeutel mit dem Nudelholz etwas zerkleinern.

6. Das Semifreddo etwa 15 Minuten vor dem Anrichten aus dem Tiefkühlfach nehmen. Die Gläser eventuell kurz in heißes Wasser stellen, damit es sich leichter stürzen lässt. Die Gläser vorsichtig auf ein Schneidebrett stürzen und das Semifreddo in je 3 Scheiben schneiden. Die Joghurtsauce in einen Spritzbeutel geben und Tupfen auf Dessertteller setzen. Die restliche Himbeersauce ebenfalls auf die Teller geben. Die Semifreddo-Scheiben auf den Tellern anrichten. Mit Himbeeren garnieren und mit Pistazienkrokant bestreuen.

Wassermelonensalat

mit Avocadocreme
auf gegrilltem Weißbrot

Zutaten für 4 Personen

Für den Salat:
1 Wassermelone
1 Bund Rucola
2 rote Zwiebeln
1 Salatgurke
2 Päckchen Feta (Schafskäse)
4 EL Balsamico bianco
2 EL Olivenöl
Salz
Cayennepfeffer

Für die Creme:
2 reife Avocados
2 EL saure Sahne
1/2 rote Peperoni
1 Limette
1 Knoblauchzehe
Salz
Pfeffer aus der Mühle

Außerdem:
1 Steinofenweißbrot oder
Baguette
Olivenöl
350 g kleine Cocktailtomaten

1. Für den Salat die Wassermelone vierteln, das Fruchtfleisch von der Schale schneiden und die Kerne entfernen. Die Melonenviertel in mundgerechte Stücke schneiden. Den Rucola verlesen, waschen und trocken schütteln, grobe Stiele entfernen. Die Blätter in mundgerechte Stücke schneiden.

2. Die Zwiebeln schälen, halbieren und in feine Streifen schneiden. Die Gurke waschen, längs halbieren und die Kerne mit einem Löffel entfernen. Die Gurkenhälften in kleine Würfel schneiden. Den Feta in grobe Stücke schneiden.

3. Alle Zutaten in eine Schüssel geben. Essig, Öl, Salz und Cayennepfeffer zu einem Dressing vermischen und über den Salat geben. Alles vorsichtig vermengen.

4. Für die Creme die Avocados halbieren und jeweils den Stein entfernen. Das Fruchtfleisch mit einem Löffel herausheben und mit der sauren Sahne in einen hohen Rührbecher geben. Die halbe Peperoni entkernen, waschen, grob zerkleinern und dazugeben. Die Limette auspressen und den Saft hinzufügen. Den Knoblauch schälen und ebenfalls in den Rührbecher geben. Das Ganze mit Salz und Pfeffer würzen und mit dem Stabmixer fein pürieren.

5. Das Weißbrot in Scheiben schneiden, mit etwas Olivenöl beträufeln und in einer Grillpfanne auf beiden Seiten anrösten. Die Cocktailtomaten waschen und in kleine Würfel schneiden.

6. Die Weißbrotscheiben mit der Avocadocreme bestreichen und mit den Tomatenwürfeln bestreuen. Mit dem Wassermelonensalat anrichten und servieren.

Blaukrautsalat

mit
asiatischem Hühnchen

Zutaten für 4 Personen

3 EL Sojasauce
1 1/2 EL Sesamöl
1 Knoblauchzehe
1 kleines Stück Ingwer
Chilipulver nach Geschmack
1/2 TL Currypulver
600 g Hähnchenbrustfilets
1 kleiner Rotkohl (ca. 700 g)
Salz
2 Karotten
1 Salatgurke
1 Saftorange
2 EL Apfelessig
1 TL Dijon-Senf
Pfeffer aus der Mühle
3 EL Olivenöl
1/2 Bund Frühlingszwiebeln

1. Die Sojasauce mit dem Sesamöl in einer großen Schüssel verquirlen. Den Knoblauch schälen und in feine Scheiben schneiden. Den Ingwer schälen und fein reiben. Knoblauch, Ingwer sowie Chili- und Currypulver zu der Sojasauce-Öl-Mischung geben und alles verrühren.

2. Die Hähnchenbrustfilets waschen und trocken tupfen. Längs in schmale Streifen schneiden und in die Marinade geben. Zugedeckt mindestens 30 Minuten im Kühlschrank ziehen lassen.

3. Inzwischen vom Rotkohl die äußeren Blätter entfernen, den Kohl vierteln und den harten Strunk entfernen. Die Viertel in dünne Streifen schneiden oder hobeln und in eine Schüssel geben. 1/2 TL Salz hinzufügen und die Kohlstreifen mit den Händen gut durchkneten. Die Karotten putzen, schälen und grob raspeln. Die Gurke waschen und in dünne Scheiben schneiden. Beides zum Rotkohl geben.

4. Die Orange auspressen und 5 EL Saft mit dem Apfelessig, dem Dijon-Senf, Salz, Pfeffer und dem Olivenöl verrühren. Das Dressing über den Salat geben und alles gut vermengen. Die Frühlingszwiebeln putzen, waschen und in feine Röllchen schneiden.

5. Die Hühnerstreifen aus der Marinade nehmen und auf Holz- oder Metallspieße stecken. In einer großen Pfanne bei starker Hitze auf jeder Seite ein paar Minuten anbraten. Den Blaukrautsalat auf Teller verteilen und die Hähnchenspieße darauf anrichten. Mit den Frühlingszwiebelröllchen bestreuen und servieren.

Hauptsache gesund: Die Kühe und Kälbchen von Katarina Stahl bekommen hofeigenes Futter und dürfen im Laufstall herumtollen. Die Milch wird in der hofeigenen Molkerei weiterverarbeitet. Und wenn es der Kunde möchte, bekommt er die Produkte im Aboservice direkt nach Hause geliefert.

Katarina Stahl

Sie ist mit der Landwirtschaft aufgewachsen und liebt ihre Arbeit als Milchbäuerin im Familienbetrieb nahe Schwabach.

Katarina Stahl ist eine Landwirtin wie aus dem Bilderbuch: eine, die morgens die Kühe melkt und füttert, anschließend in der hofeigenen Molkerei steht und noch kurz im Büro verschwindet, bevor mittags die beiden Kinder, Sebastian, 9, und Isabel, 6, nach Hause kommen. „Ich arbeite gern draußen, mit Tieren und im Rhythmus der Natur – ein reiner Bürojob wäre nichts für mich", bekennt die Mittelfränkin lachend. Allerdings: Die Wahl stellte sich auch nie wirklich. Im Moment führt Katarina den Hof noch mit ihren Eltern Kurt und Erna Zwingel, aber die Übergabe des Hofs steht bereits im Raum.

Die Art der Landwirtschaft auf dem Zwingelschen Hof in Rednitzhembach ist und bleibt klassisch: ein Milchviehbetrieb mit einem großen Laufstall, bei dem das Futter zum größten Teil von den eigenen Feldern kommt. Allerdings haben die Zwingels für ihre Milch eine Vertriebsform gewählt, die zwar uralt ist, deren Vorzüge sich aber erst langsam wieder im Bewusstsein der Verbraucher verankern müssen: Sie betreiben nicht nur einen Hofverkauf, sondern liefern ihre Milch auch direkt an ihre „Abokunden" aus. Dazu wird die Milch noch am Hof pasteurisiert und in umweltfreundliche Mehrwegflaschen abgefüllt; hausgemachter Joghurt und Eier runden das Angebot ab.

Die dankbaren Kunden sitzen, unter anderem, im gerade mal fünf Kilometer entfernten Schwabach und in der Metropolregion Nürnberg. Und auch Rednitzhembach ist nicht ganz die Dorfidylle, die man sich in Anbetracht eines gestandenen Milchviehbetriebs vorstellen würde: „Wir liegen nicht in Alleinlage am Dorfrand, sondern mitten im Ortskern – und da ist das Lebensgefühl eher städtisch. Landwirtschaftliche Betriebe gibt es kaum mehr." Angesichts dieser Situation den Betrieb aufzugeben und auf einen anderen Beruf umzusatteln, wäre für Katarina Stahl jedoch

keine Option gewesen: „Ich bin mit der Landwirtschaft aufgewachsen und habe nie ernsthaft über eine Alternative nachgedacht. Ich führe auch gerne fort, wofür die Eltern gearbeitet haben – natürlich in manchen Dingen auf meine eigene Art und Weise. Aber man entwickelt Verantwortungsbewusstsein – so bin ich geprägt. Wobei das Ganze natürlich trotzdem auch Spaß machen muss."

Dass Katarina mit Feuer und Flamme hinter ihrem Hof steht, wurde auch beim Dinner deutlich, das sie für die Landfrauen ausrichtete. Alle Gänge hatten unmittelbar mit dem Hof zu tun. Das Beef Tatar, das es zur Vorspeise mit Salat und Zwiebelbrot gab, kam zwar dann doch vom Metzger, damit es wirklich absolut frisch war. „Die Rinderbacken für den Hauptgang", ergänzt Katarina Stahl, „waren aber von uns." Und dass Joghurt und Milch für das Dessert – Scheiterhaufen mit Joghurt-Vanille-Schaum –, aus der Hofmolkerei stammten, war sowieso Ehrensache. „Ich habe extra nach einem Dessert gesucht, bei dem ich unsere Milchprodukte einsetzen kann."

Auch wenn deren Herstellung, gekoppelt mit der Arbeit im Stall und der Versorgung von Haushalt und Kindern, einen mehr als gefüllten Tag bedeuten – Katarina ist es auch wichtig, sich Freiräume zu schaffen. „Ich bin mein eigener Herr, ich kann mir meine Zeit selbst einteilen, das schätze ich sehr." So ist der Nachmittag für die Arbeit grundsätzlich tabu. „Da unternehme ich immer etwas mit den Kindern." Im Hochsommer, der Jahreszeit, zu der auch die Landfrauen bei ihr zu Gast waren, muss sie nicht lange überlegen, was das ist: „20 Meter vom Hof entfernt fließt die Rednitz vorbei, da nehmen wir die SUP-Bretter und paddeln los."

Das wichtigste Utensil
für die Tatarvorbereitung:
ein richtig
scharfes Messer!

Beef Tatar

mit selbst gemachtem Zwiebelbrot

Zutaten für 4 Personen

Für das Brot:
500 g Mehl
1 TL Zucker
Salz
1 Päckchen Backpulver
1/2 l Weizenbier
1 Handvoll geröstete Zwiebeln
1 Handvoll geräucherte Schinkenwürfel (nach Belieben)

Für das Tatar:
400 g Rinderfiletspitzen oder Rinderhüfte
1 kleine Zwiebel
8 Cornichons
3 TL Kapern
1 Bund Petersilie
2 Anchovis in Öl oder 6 getrocknete Tomaten in Öl (nach Belieben)
2 Eigelb
1 TL Dijon-Senf
1 gestr. EL Ketchup
Salz
Pfeffer aus der Mühle

1. Für das Brot den Backofen auf 180 °C vorheizen. Mehl, Zucker, 1 TL Salz, Backpulver, Weizenbier, die Röstzwiebeln und nach Belieben den Schinken in einer Schüssel zu einem glatten Teig verrühren. Den Teig in eine schmale Kastenform füllen und im Ofen auf der mittleren Schiene etwa 1 1/2 Stunden backen. Herausnehmen und abkühlen lassen.

2. Für das Tatar das Fleisch trocken tupfen und mit einem scharfen Messer parieren. Anschließend in sehr lange, dünne Scheiben schneiden und diese dann in dünne Streifen. Die Streifen in sehr, sehr feine Würfel schneiden.

3. Die Zwiebel schälen und in sehr feine Würfel schneiden. Die Cornichons ebenfalls in sehr feine Würfel schneiden. Die Kapern nach Belieben sehr fein hacken. Die Petersilie waschen und trocken schütteln, die Blätter abzupfen und fein hacken. Wahlweise die Anchovis oder die getrockneten Tomaten abtropfen lassen und fein hacken.

4. Die Eigelbe mit Senf und Ketchup in einer großen Schüssel glatt rühren. Zwiebel, Cornichons, Kapern und Petersilie unterheben. Anchovis oder getrocknete Tomaten unterrühren. Die Mischung mit Salz und Pfeffer würzen. Das fein geschnittene Rindfleisch hinzufügen und alle Zutaten sehr gründlich vermengen. Bei Bedarf noch mal nachwürzen.

5. Das Tatar mit dem Zwiebelbrot servieren. Sie können auch alle Zutaten für das Tatar auf einem Teller um das Fleisch herum anrichten, dann mischt sich jeder die gewünschte Menge an Würzzutaten unter.

Mein Tipp:
Natürlich kann man das Fleisch auch durch den Fleischwolf drehen, das macht weniger Arbeit, ist aber nicht so gut, weil dabei Reibungswärme entsteht und das Fleisch etwas schmierig werden kann.

Eine niedrige Temperatur und eine lange Garzeit sind das Geheimnis für zarte Rinderbäckchen.

Geschmorte Rinderbacke

mit Rotweinsauce
und Basilikumgnocchi

Zutaten für 4 Personen

Für die Rinderbacke:
ca. 700 g Rinderbacken
Salz
Pfeffer aus der Mühle
1 EL scharfer Senf
Öl
2 Zwiebeln
1 dünne Stange Staudensellerie
1 Karotte
1 Zweig Thymian
1 Zweig Rosmarin
20 weiße Pfefferkörner
1 Lorbeerblatt
10 Wacholderbeeren
200 ml Rotwein
100 ml Portwein
1 l Kalbsfond
25 g Butter

Für die Gnocchi:
1 kg mehligkochende Kartoffeln
Salz
2 Eier
280 g Mehl
2 EL Basilikumpesto
Pfeffer aus der Mühle
frisch geriebene Muskatnuss
20 g Butter

Außerdem:
Mehl für die Arbeitsfläche

1. Für die Rinderbacke die Rinderbäckchen parieren, mit wenig Salz und Pfeffer würzen und mit dem Senf bestreichen. Öl in einer Pfanne erhitzen und die Rinderbäckchen darin rundum anbraten. Wieder herausnehmen.

2. Die Zwiebeln schälen und in feine Würfel schneiden. Sellerie und Karotte putzen, waschen bzw. schälen und ebenfalls in kleine Würfel schneiden. Die Kräuterzweige waschen und trocken tupfen.

3. Etwas Öl in einem Schmortopf erhitzen und die Zwiebel- und Gemüsewürfel darin andünsten. Die Kräuterzweige, die Pfefferkörner, das Lorbeerblatt und die Wacholderbeeren hinzufügen und kurz mitdünsten. Rotwein und Portwein dazugeben und aufkochen. Die Kalbsbäckchen einlegen, den Fond dazugießen und bei schwacher Hitze mit geschlossenem Deckel etwa 3 Stunden weich garen.

4. Inzwischen für die Gnocchi den Backofen auf 180 °C vorheizen. Die Kartoffeln waschen, auf einem Backblech verteilen und mit Salz bestreuen. Im Ofen auf der mittleren Schiene 45 Minuten backen. Herausnehmen, pellen und durch die Kartoffelpresse in eine Schüssel drücken. Etwas abkühlen lassen.

5. Die Eier, das Mehl und das Basilikumpesto dazugeben und das Ganze mit Salz, Pfeffer und Muskatnuss würzen. Die Zutaten mit den Händen kneten, bis sie sich zu einem Teig verbunden haben. Den Teig auf einer bemehlten Arbeitsfläche zu gleichmäßigen Rollen formen und mit einer Teigkarte in 2 cm breite Stücke teilen.

6. Reichlich Salzwasser aufkochen und die Gnocchi darin bei schwacher Hitze 6 bis 8 Minuten ziehen lassen. Mit dem Schaumlöffel herausheben und auf einem Teller ausdampfen lassen.

7. Das Fleisch aus dem Topf nehmen, den Fond durch ein Sieb in einen zweiten Topf gießen und einkochen lassen. Die Butter einrühren und die Rinderbäckchen darin erwärmen. Die Butter erhitzen und die Gnocchi darin knusprig anbraten. Nochmals mit Salz und Pfeffer abschmecken. Die Rinderbäckchen in Scheiben schneiden und mit der Sauce und den Basilikumgnocchi auf Tellern anrichten. Nach Belieben mit Cocktailtomaten und Basilikum garnieren.

Auch die kleine Schwester des Pfirsichs, die Aprikose, eignet sich vorzüglich für den Scheiterhaufen.

Pfirsichscheiterhaufen

mit
Joghurt-Vanille-Schaum

Zutaten für 4 Personen

Für den Schaum:
3 Eigelb
125 ml Milch
1 Vanilleschote
125 g Sahne
60 g Zucker
60 g Naturjoghurt

Für den Scheiterhaufen:
1 Pfirsich
4 Croissants
2 Weißbrotscheiben
1 Vanilleschote
60 g Puderzucker
20 g Mandelblättchen
100 g Pfirsichkonfitüre
3 Eigelb
125 g Sahne
125 ml Milch

Für den Fruchtspiegel:
400 g Pfirsiche
60 g Puderzucker
2 TL Rum
2 TL Zitronensaft

1. Für den Schaum die Eigelbe mit 25 ml Milch verrühren. Die Vanilleschote aufschneiden und das Mark herauskratzen. Die übrige Milch mit der Sahne, dem Vanillemark und dem Zucker in einer weiteren Schüssel gut verrühren. Über dem heißen Wasserbad erhitzen. Die Milch-Eigelb-Mischung einrühren und zur Rose abziehen. (Einen Löffel mit dem Rücken nach oben in die Masse halten und darauf pusten. Bilden sich wellenförmige Linien wie die Blütenblätter einer Rose, ist die Konsistenz richtig. Das dauert zwei bis drei Minuten.)

2. Die Masse abkühlen lassen und den Joghurt unterrühren. Die Mischung durch ein Sieb gießen und in einen Sahnespender füllen. Zwei Sahnekapseln aufschrauben und das Ganze kräftig schütteln. Mindestens 2 Stunden kühl stellen.

3. Für den Scheiterhaufen den Pfirsich häuten und in Stücke schneiden. Die Pfirsichstücke in einem Topf bei schwacher Hitze ein paar Minuten dünsten, dann abkühlen lassen. Die Croissants und das Weißbrot in kleine Stücke schneiden und in eine Schüssel geben. Die Vanilleschote längs aufschneiden und das Mark herauskratzen. Vanillemark, Puderzucker und Mandelblättchen zum Brot geben und alles gut vermengen. Die gedünsteten Pfirsichstücke und die Pfirsichkonfitüre unterrühren und die Mischung in eine ofenfeste Form füllen.

4. Den Backofen auf 180 °C vorheizen. Die Eigelbe mit der Sahne und der Milch gut verrühren und über die Brotmischung gießen. Den Auflauf im Ofen auf der mittleren Schiene etwa 30 Minuten goldgelb backen.

5. Inzwischen für den Fruchtspiegel die Pfirsiche häuten und halbieren. Die Steine entfernen und die Hälften in kleine Stücke schneiden. Mit Puderzucker, Rum und Zitronensaft in einem Topf weich dünsten, dann mit dem Stabmixer pürieren.

6. Den Scheiterhaufen auf Teller verteilen und mit dem Fruchtspiegel und dem Joghurt-Vanille-Schaum anrichten. Das Dessert nach Belieben mit Puderzucker bestäuben und servieren.

Sommerlicher Rindfleischsalat

mit
Honig-Senf-Dressing

Zutaten für 4 Personen

Für den Salat:
600 g mageres Rindfleisch
(z. B. Brustkern oder Tafelspitz)
Salz
1 Zwiebel
je 1 rote, grüne und gelbe
Paprikaschote
1 Karotte
einige Blätter Rucola
1 kleines Bund Petersilie
2 Frühlingszwiebeln

Für das Dressing:
1 Zwiebel
4 EL Rapsöl
6 EL Weißweinessig
4 EL Rinderfond
1 EL Honig
1 TL Senf
Salz
Pfeffer aus der Mühle
einige Stiele Gartenkräuter

1. Für den Salat das Rindfleisch in einem Topf mit Salzwasser bedeckt bei schwacher Hitze etwa 1 Stunde weich garen. Aufsteigenden Schaum abschöpfen. Das Fleisch herausnehmen und abkühlen lassen. Anschließend in feine Streifen schneiden.

2. Die Zwiebel schälen und in feine Würfel schneiden. Die Paprikaschoten längs halbieren, entkernen, waschen und in Streifen schneiden. Die Karotte putzen, schälen und in dünne Scheiben schneiden. Die Rindfleischstreifen mit Zwiebel, Paprika und Karotte in einer Schüssel gut vermischen.

3. Für das Dressing die Zwiebel schälen und in feine Würfel schneiden. Mit Öl, Essig, Fond, Honig und Senf mischen. Mit Salz und Pfeffer würzen. Die Kräuter waschen und trocken schütteln, die Blätter abzupfen und fein hacken. Unter das Dressing mischen. Das Dressing über den Salat geben und alles etwa 2 Stunden ziehen lassen.

4. Vor dem Servieren den Rucola verlesen, waschen und trocken schütteln, grobe Stiele entfernen. Die Petersilie waschen und trocken schütteln, die Blätter abzupfen und fein hacken. Die Frühlingszwiebeln putzen, waschen und in Ringe schneiden. Den Rindfleischsalat mit Rucola, Petersilie und Frühlingszwiebelringen garnieren und servieren. Dazu passt frisch gebackenes Bauernbrot.

Feuerwehrkuchen

mit
Vanille-Kirsch-Guss

Zutaten für 1 Springform
(26–28 cm Durchmesser)

Für den Teig:
200 g Mehl
1 TL Backpulver
75 g Zucker
1 Päckchen Vanillezucker
1 Ei
75 g kalte Butter

Für den Guss:
1 Glas Sauerkirschen (350 g Abtropfgewicht)
1 Päckchen Vanillepuddingpulver

Für die Streusel:
150 g Mehl
100 g Zucker
100 g kalte Butter

Außerdem:
400 g Sahne
Zimtpulver

1. Für den Teig das Mehl mit dem Backpulver in eine Schüssel sieben. Den Zucker und den Vanillezucker dazugeben. Das Ei hinzufügen und untermischen. Die Butter in Würfel schneiden und unterheben, alles mit den Fingern rasch zu einem Mürbeteig verkneten. Den Teig in der Springform verteilen, am Boden und an den Seiten etwas andrücken.

2. Für den Guss die Kirschen in ein Sieb abgießen und abtropfen lassen, den Saft dabei auffangen. Das Vanillepuddingpulver nach Packungsanweisung anrühren, allerdings anstelle von Milch 1/2 l Kirschsaft (gegebenenfalls mit Wasser auffüllen) und keinen zusätzlichen Zucker verwenden. Die Kirschen unter den Pudding heben. Die Kirsch-Pudding-Masse auf dem Kuchenboden verteilen.

3. Den Backofen auf 180 °C vorheizen. Für die Streusel das Mehl, den Zucker und die Butter in eine Schüssel geben und mit den Fingern rasch zu Streuseln verkneten. Die Streusel gleichmäßig auf dem Pudding verteilen und den Kuchen im Ofen auf der mittleren Schiene 40 bis 45 Minuten backen.

4. Den Kuchen aus dem Ofen nehmen und abkühlen lassen. Dann aus der Form lösen. Die Sahne steif schlagen. Den Kuchen in Stücke schneiden, mit etwas Zimtpulver bestäuben und mit 1 Klecks Schlagsahne servieren.

Oberfranken

Kulturelle Highlights aufzuzählen, fällt hier leicht.
Wo Städte wie Bayreuth oder Bamberg liegen, ist die Kunst
des guten Lebens nicht weit. Und auch nicht die Landfrauen,
die diese Kunst pflegen!

In Oberfranken wird die Braukunst hochgehalten. Hier findet man nicht nur feinsten Hopfen, sondern auch eine beachtliche Anzahl kleinerer Brauereien. Doch auch ohne Gerstensaft bieten die Flusslandschaften hier so manche Gelegenheit zum feuchtfröhlichen Genuss.

In ihrem „Erlebnisernte"-Hofladen verkauft Heidi an die 100 Kartoffelsorten aus eigenem Anbau, viele davon mit farbenfrohem Inneren. Das Anbaukonzept der Kaisers setzt auf Sortenvielfalt – die sich auch in den kunstvollen Torten und Kuchenspezialitäten ihres Hofcafés widerspiegelt.

Heidi Kaiser

Schnittblumen, Torten und Kartoffelschönheiten: Auf ihrem Hof nahe Bamberg setzt Heidi dem Alltag bunte Farbtupfer auf.

Das kleine Straßenschild auf dem Eichenhof von Heidi und Andreas Kaiser tanzt aus der Reihe. Nicht etwa zeigt es „Stopp" an oder irgendeine Kilometerangabe, sondern: eine dampfende Kaffeetasse! Man braucht ihr nur zu folgen, schon steht man in Heidis Hofladen und traut seinen Augen nicht: Tortenschönheiten wie aus dem Märchen stehen dort aufgereiht in der Kühltheke, Süßschnäbelträume in zartem Erdbeerrosa und glänzendem Schokoladenbraun, mit Cremetuffs und Sahnegirlanden, eine schöner verziert als die andere, gekrönt mit glänzenden Goldkügelchen. „Ich mag es bunt und ich mag es, wenn's glitzert", sagt Heidi, Ideengeberin und Chefin des Hofladens, der auch ein Hofcafé ist – und eine beliebte Anlaufstelle für alle, die ihrem Alltag und dem, was sie genießen, zusätzlichen Glanz verleihen möchten.

»Der Alltag auf unserem Hof ist abwechslungsreich und bunt.«

Nicht nur die Torten, auch die Kartoffeln treiben es bunt auf dem Hof der Familie Kaiser. Sie heißen „Fleur bleue", „Blauer Schwede" oder „Miss Blush", offenbaren unter violetten, lachsfarbenen oder zartgelben Schalen ein farbenfrohes Inneres und zeichnen sich allesamt durch einen unnachahmlichen Kartoffelgeschmack aus. Heidi und Andreas haben sich auf seltene, teils in Vergessenheit geratene Kartoffeln spezialisiert und bauen auf über sieben Hektar Land jedes Jahr rund 100 verschiedene Sorten an, darunter auch die beliebten Bamberger Hörnchen. Sie vermarkten die einzigartige Sortenvielfalt direkt über Geschäftspartner über den Online-Handel – und schufen so aus dem einstigen Milchviehhof von Andreas' Eltern einen erfolgreichen Vollerwerbsbetrieb, auf dem wächst und gedeiht, was den Alltag fröhlich macht: Gladiolen, Dahlien und Sonnenblumen auf den hofeigenen Selberpflück-Feldern, handverlesene Kartoffelsorten, Erdbeeren für den Sommer und Speise-, Zier- und Halloweenkürbisse für den Herbst.

Als studierte Agrarökonomin sprudelt Heidi nicht nur über vor Ideen für den Familienbetrieb, ganz nach ihrem Lieblingsmotto „Neuer Tag, neues Glück". Sie managt in ihrem kleinen, hochorganisierten Büroraum auch komplexe Aufgaben rund um Vermarktung und Verkauf. „Ich bin das Bodenpersonal", sagt sie mit feinem trockenem Humor, „und Andreas kümmert sich um Anbau und Ernte und die Maschinen." Die beiden sind seit ihrer Jugend ein Paar; sie heirateten 2008 und haben mit Tochter Marie und Sohn Max zwei muntere Kinder. Andreas' Eltern Annemarie und Ottmar leben ebenfalls mit auf dem Hof. Für Heidi, die ihre Mutter früh verlor, ist der enge Familienzusammenhalt jeden Tag aufs Neue eine Quelle der Kraft.

So bodenständig wie die sanft gewellte Kulturlandschaft, in der der Eichenhof liegt, erweist sich auch Heidis Art zu kochen. Die Bamberger Hörnchen wurden im Jahr 1854 erstmals urkundlich erwähnt – das war die Zeit der großen bürgerlichen Küche mit ihren klassischen Fleisch- und Saucengerichten. Solche Klassiker zaubert Heidi locker aus dem Handgelenk, mit selbst angesetzten Saucenfonds, knackigem Buttergemüse – und selbstredend auch mit feinen Kartoffelvariationen. Spätestens wenn sie ihr selbstgemachtes Kartoffelpüree mit der Spritztülle zu Rosetten formt und im Backofen zu goldgelben Herzoginkartoffeln adelt, wird klar: Wenn Heidi am Werk ist, wird auch aus einer kleinen Knolle ein kulinarisches Glanzstück.

Wer das Aroma der Kürbiskerne verstärken möchte, träufelt noch etwas Kürbiskernöl über die Suppe.

Kürbis-Kartoffel-Suppe

mit
gerösteten Kürbiskernen

Zutaten für 4 Personen

1 Hokkaidokürbis (ca. 1 kg geputzt)
1–2 Kartoffeln
40 g Butterschmalz
1 l Hühnerbrühe
Salz
gemahlener Ingwer
Cayennepfeffer
1 EL Zitronensaft
2 EL Kürbiskerne
400 g Sahne

1. Den Kürbis waschen, vierteln und die Kerne mit einem Löffel entfernen. Die Kürbisviertel in große Würfel schneiden (es sollte 1 kg Kürbiswürfel ergeben). Die Kartoffeln schälen und in kleine Würfel schneiden.

2. Das Butterschmalz in einem großen Topf erhitzen. Die Kürbis- und Kartoffelwürfel darin andünsten. Die Brühe dazugießen und alles mit Salz, je 1 Prise gemahlenem Ingwer und Cayennepfeffer sowie dem Zitronensaft würzen. Die Gemüsewürfel bei mittlerer Hitze mit geschlossenem Deckel etwa 20 Minuten weich garen.

3. Inzwischen die Kürbiskerne in einer Pfanne ohne Fett rösten, bis sie duften. Beiseitestellen. Alle Zutaten im Topf mit dem Stabmixer pürieren. 200 g Sahne dazugeben und die Suppe nochmals kurz aufkochen lassen. Die übrige Sahne steif schlagen.

4. Die Suppe auf Teller verteilen und mit den gerösteten Kürbiskernen und der geschlagenen Sahne garnieren. Nach Belieben mit Petersilie verzieren.

Mein Tipp:
Wenn der Kürbis gerade keine Saison hat oder man Appetit auf etwas anderes hat, lässt sich der Kürbis auch ganz einfach durch Pastinaken oder Wurzelpetersilie ersetzen.

Würziger Zwiebelrostbraten

mit glasierten Karotten, Bohnen und Kaiserkartoffeln

Für den Braten:

1 kg Suppenknochen
1/4 l trockener Rotwein
400 ml Fleischbrühe
1 EL Mehl
5 Zwiebeln
3 EL Öl
3 EL Butter
1 EL Zucker
1 EL Tomatenmark
1 TL Paprikapulver (edelsüß)
Salz
Pfeffer aus der Mühle
4 Scheiben Roastbeef (à ca. 200 g)

Für die Kartoffeln:

500 g mehligkochende
Kartoffeln
Salz
50 g Butter
2 Eigelb
frisch geriebene Muskatnuss

Für die Röstzwiebeln:

1/2 – 1 l Öl
3 große Zwiebeln
Mehl zum Wenden

Für die Bohnen:

400 g grüne Bohnen
1 Zwiebel (gewürfelt)
2 EL Butterschmalz
Zucker
Salz
Bohnenkraut

Für die Karotten:

500 g Baby-Karotten
2 EL Butterschmalz
Zucker
1–2 TL gekörnte Gemüsebrühe

1. Für den Braten den Backofen auf 180 °C vorheizen. Knochen waschen, trocken tupfen und in einen Bräter geben. Im Ofen etwa 45 Minuten rösten. 1 Schuss Wein dazugeben, Knochen etwa 30 Minuten garen. Etwas Brühe dazugießen, diesen Vorgang noch zweimal wiederholen, bis Wein und Brühe aufgebraucht sind. Pfanne herausnehmen, die Knochen entfernen. Brühe durch ein Sieb in einen Topf gießen. Mehl mit kaltem Wasser in einer Schüssel glatt rühren und mit dem Schneebesen in die Brühe einrühren. Brühe erhitzen, bis sie eindickt. Beiseitestellen.

2. Die Zwiebeln schälen, halbieren und in Streifen schneiden. 1 EL Öl und Butter in einer Pfanne erhitzen, Zwiebeln darin anbraten, mit Zucker bestreuen und karamellisieren. Tomatenmark und Paprikapulver hinzufügen und andünsten. Die Sauce dazugeben, alles verrühren und 5 Minuten köcheln lassen, salzen und pfeffern. Beiseitestellen.

3. Die Kartoffeln schälen, waschen und in Salzwasser etwa 20 Minuten garen. Backofen auf 175 °C vorheizen. Kartoffeln abgießen, kurz ausdampfen lassen, durch die Kartoffelpresse in eine Schüssel drücken. Mit Butter, 1 Eigelb und Muskatnuss mischen. In einen Spritzbeutel füllen und mit einer großen Sterntülle Rosetten auf ein mit Backpapier belegtes Blech spritzen. Übriges Eigelb mit 1 EL Wasser verquirlen und auf die Kartoffelrosetten streichen. Im Ofen etwa 30 Minuten backen.

4. Die Ofentemperatur auf 80 °C reduzieren. Fleisch mit Salz und Pfeffer würzen. Das übrige Öl in einer Pfanne erhitzen, das Fleisch darin auf jeder Seite etwa 1 Minute scharf anbraten. Herausnehmen und in Alufolie gewickelt im Ofen mit den Kartoffeln 20 Minuten gar ziehen lassen.

5. Für die Röstzwiebeln Öl in einem großen Topf erhitzen. Es ist heiß genug, wenn sich an einem hineingehaltenen Holzlöffelstiel Blasen bilden. Die Zwiebeln schälen, längs halbieren und in dünne Streifen schneiden, im Mehl wenden und im Öl goldbraun frittieren.

6. Bohnen putzen und waschen. Zwiebel und Bohnen in einer Pfanne mit dem Butterschmalz bei schwacher Hitze 15 bis 20 Minuten weich dünsten. Mit Zucker, Salz und Bohnenkraut würzen. Die Karotten waschen, schälen, in einem Topf mit wenig Wasser 10 Minuten garen, abgießen. Die Karotten in dem Butterschmalz rundum anbraten. Mit Zucker und Brühe würzen und garen, bis der Zucker karamellisiert.

7. Das Fleisch in Scheiben schneiden und mit Sauce, Röstzwiebeln, Gemüse und Kaiserkartoffeln anrichten.

Bei dieser Torte werden Ihre Gäste Augen machen.

Kein Deko-Profi? Dann lassen Sie die Schokosplitter und Zuckerstreusel einfach weg.

Erdbeertiramisu-Torte

mit
Schokosplittern

Zutaten für 1 Springform
(28 cm Durchmesser)

Für die Tortenböden:
6 Eier
250 g Zucker
250 g Mehl
2 TL Backpulver

Für die Erdbeerschicht:
800 g Erdbeeren
3–5 EL Kartoffelstärke
Zucker nach Geschmack
Saft von 1 Zitrone

Für die Mascarponecreme:
350 g Sahne
2 Päckchen Sahnefestiger
500 g Mascarpone
15 g Zucker

Außerdem:
400 g Zartbitterkuvertüre zum
Garnieren

1. Für die Tortenböden den Backofen auf 180 °C vorheizen. Die Eier und den Zucker sowie 6 EL Wasser 10 Minuten schaumig schlagen. Das Mehl mit dem Backpulver mischen und die Mischung vorsichtig unter die Schaummasse heben. Den Teig in die Springform füllen und im Ofen auf der mittleren Schiene etwa 40 Minuten backen. Herausnehmen und abkühlen lassen. Den abgekühlten Teil quer in 3 gleich dicke Böden schneiden.

2. Für die Erdbeerschicht die Erdbeeren waschen, putzen und in eine Schüssel geben. Mit dem Stabmixer pürieren, dabei nach und nach die Kartoffelstärke untermixen, bis die Mischung streichfest ist und keine Klümpchen mehr vorhanden sind. Die Erdbeermischung mit Zucker und Zitronensaft nach Geschmack würzen. Je nach Wassergehalt der Erdbeeren eventuell mehr Speisestärke unterrühren.

3. Für die Mascarponecreme die Sahne mit dem Sahnefestiger steif schlagen. Den Mascarpone und den Zucker unterheben.

4. Zum Fertigstellen 1 Tortenboden auf eine Kuchenplatte legen und mit gut der Hälfte der Mascarponecreme bestreichen. Darauf wieder 1 Tortenboden legen. Die Erdbeerschicht gleichmäßig darauf verteilen. Die Erdbeerschicht mit dem übrigen Tortenboden bedecken. Die Torte mit der restlichen Mascarponecreme umhüllen und mit Schokolade garnieren (siehe Tipp).

Tipp:
Die Zartbitterkuvertüre über dem Wasserbad schmelzen und die Hälfte auf der Torte verteilen. Die übrige Kuvertüre dünn auf ein Backpapier streichen. Etwa 15 Minuten in das Tiefkühlfach legen, dann gefroren in Stücke brechen und vorsichtig in die Torte stecken. Nach Belieben die Torte noch mit Erdbeeren und Zuckerstreuseln verzieren.

Schnelles Paprikagulasch

mit
Butterreis

Zutaten für 4 Personen

Für das Gulasch:

2 Zwiebeln
1 Knoblauchzehe
1/2 grüne Paprikaschote
1/2 rote Paprikaschote
3 EL Öl
400 g Gulaschfleisch
1 TL Paprikapulver (edelsüß)
1/2 l Fleischbrühe
1 EL Mehl
1 EL Tomatenmark
2 EL Sahne
Salz
Pfeffer aus der Mühle

Für den Reis:

250 g Langkornreis
Salz
2 EL Butter

1. Für das Gulasch die Zwiebeln und den Knoblauch schälen und in feine Würfel schneiden. Die halben Paprikaschoten entkernen, waschen und in feine Streifen schneiden.

2. Das Öl in einem großen Topf erhitzen und das Fleisch darin rundum kräftig anbraten. Zwiebeln und Knoblauch dazugeben und ebenfalls anbraten. Die Paprikastreifen hinzufügen, alles mit dem Paprikapulver würzen und mit der Brühe aufgießen. Mit geschlossenem Deckel etwa 30 Minuten garen.

3. Inzwischen für den Butterreis den Reis mit etwa 1/2 l Wasser und Salz in einem Topf aufkochen. Den Reis bei schwacher Hitze mit geschlossenem Deckel etwa 20 Minuten quellen lassen, ohne dabei umzurühren. Den gegarten Reis mit einer Gabel auflockern. Die Butter in kleine Stücke schneiden und unter den Reis rühren.

4. Das Mehl mit 4 EL Wasser glatt rühren und das Gulasch damit binden. Das Tomatenmark und die Sahne unterrühren und das Gulasch mit Salz und Pfeffer abschmecken. Mit dem Butterreis servieren. Anstelle von Reis passen auch Nudeln sehr gut dazu.

Feine Waffeln

mit
Erdbeerkompott

Zutaten für 4 Personen

Für die Waffeln:
250 g weiche Butter
250 g Zucker
8 Eier
250 g Speisequark
Salz
1/2 Fläschchen Buttervanille
250 g Mehl
Fett für das Waffeleisen

Für das Kompott:
500 g Erdbeeren
2 EL Zucker
Zitronensaft

1. Für die Waffeln die Butter mit dem Zucker schaumig rühren. Die Eier und den Quark unterrühren, dann 2 Prisen Salz und die Buttervanille untermischen. Zum Schluss das Mehl unter den Teig rühren, bis es keine Klümpchen mehr gibt. Bis zum Zubereiten kühl stellen.

2. Für das Erdbeerkompott die Erdbeeren waschen, putzen und mit einer Gabel zerdrücken. Mit Zucker und etwas Zitronensaft abschmecken.

3. Die Backflächen des Waffeleisens mit einem Pinsel einfetten, das Waffeleisen zuklappen und aufheizen.

4. Den Teig schöpflöffelweise in das gefettete Waffeleisen geben und nacheinander etwa 3 bis 4 Minuten zu goldgelben Waffeln backen. Die Waffeln mit jeweils etwas Erdbeerkompott servieren. Wir essen die Waffeln auch gerne einfach nur mit Puderzucker, Nuss-Nougat-Creme oder 1 Kugel Eis.

Monika Hansen absolvierte ihre Ausbildung als jüngste Braumeisterin Deutschlands und steckt all ihre Energie in neue Bierkreationen – zum Beispiel ein Starkbier für Frauen, denn sie liebt kräftige Biere. Was es dafür braucht? Neben Wasser, Hopfen und Malz vor allem Neugier und Leidenschaft!

Monika Hansen

In Sachen Bier macht ihr so schnell keiner etwas vor: Die junge Braumeisterin setzt in Hof eine alte Familientradition fort.

Holla die Bierfee! So heißt nicht nur eine Craftbier-Marke, die Monika Hansen gemeinsam mit ihrer Schwester Gisela und einer weiteren experimentierfreudigen Brauerin betreibt. Die Bezeichnung „Bierfee" passt auch bestens zu Monika Hansen selbst. Die 29-Jährige ist nicht nur eine der wenigen weiblichen Vertreterinnen des nach wie vor primär männlich besetzten Berufsstands der Braumeister. Doch eine andere Berufswahl wäre für die Hoferin von vornehrein überhaupt nicht denkbar gewesen. Denn neben „Holla die Bierfee" gibt es noch, und vor allen Dingen, die Brauerei Meinel in Hof, seit 1731 in Familienhand und nun gerade im Begriff, von der zwölften Generation – den Eltern von Monika Hansen – an die 13. übergeben zu werden.

„Als Kinder haben wir hinter der Brauerei gespielt, das Klimpern der Flaschen hat uns unser ganzes Leben begleitet – da kann man gar nicht anders, als dieses Handwerk zu lieben", sagt Monika. „Die meisten Mitarbeiter kennen uns von Kindesbeinen an; wir sind eben ein echter Familienbetrieb." Inzwischen ist Monika diejenige, die sich um die technischen Abläufe und das Alltagsgeschäft in der Brauerei kümmert; die Aufgabe von Schwester Gisela liegt beim Vertrieb. Ihre Mutter steht den Schwestern in der Finanzbuchhaltung zur Seite; der Vater zieht sich zwar langsam aus dem Betrieb zurück, ist aber ebenfalls immer noch aktiv.

Und während die Meinel-Schwestern bei „Holla die Bierfee" charmant die Grenzen dessen ausloten, was im Rahmen des Reinheitsgebots möglich ist, zeigen sie sich in der familieneigenen Brauerei auch traditionsbewusst: Zur Wahl stehen Lager, Pils, Märzen und Weizen, ein Rauchbier sowie zur Bockbierzeit ein heller und ein dunkler Doppelbock. Außerdem gibt es immer eine sehr saisonale Sorte. „Jeden Monat haben wir ein anderes, zur Jahreszeit passendes Bier, das es nur so lange gibt, bis alle Flaschen verkauft sind. Danach muss man eben auf den nächsten Monat warten."

Gelegen ist die Brauerei, heute wie ehedem, etwa einen Kilometer außerhalb des Zentrums der sympathischen Stadt in Oberfranken. Direkt in einem ehemaligen Steinbruch. „Früher, als es noch keine elektrischen Kühlmöglichkeiten gab, war der Standort im Steinbruch ein entscheidender Erfolgsfaktor für eine Brauerei: Dort konnte man das Bier kalt lagern", erklärt Monika. Auch in der Hofer Innenstadt wartet Arbeit auf die Meinel-Schwestern: Dort betreiben sie eine Kneipe, den Biersalon Trompeter. Viel Zeit für Hobbys und Muse bleibt da nicht mehr. Wie gut, dass Monikas Freund Karl-Ludwig ebenfalls vom Fach und recht eingespannt ist: Er arbeitet in einer Mälzerei in Bamberg; die beiden lernten sich in der Berufsschule kennen.

Klar, dass sich auch beim Besuch der Landfrauen alles um Bier dreht – angefangen bei einer Besichtigungstour durch die Brauerei bis zum Dinner selbst. „Ich habe versucht darzustellen, wie vielseitig man mit Bier kochen kann und dass es sehr gut zu den verschiedensten Speisen passt", erläutert die Braumeisterin ihr Menükonzept. Tatsächlich spannte sie den Bier-Bogen vom Aperitif bis zur Süßspeise: Sie backte Bierfladen, servierte ein abgewandeltes Coq au Vin, das nicht in Rotwein, sondern in schwerem, dunklem Porter schmurgelte, und krönte die Speisenfolge mit Schoko-Guglhupfen, die mit Eisbock zubereitet wurden. Danach waren auch die Landfrauen überzeugt: Dieses Menü kann nur eine „Bierfee" gezaubert haben.

Bayerisches Bier trifft auf italienische Aromen – das harmoniert perfekt!

Biertapas

Carpaccioröllchen mit Bockbierlack, Bierfladen und Erbsen-Märzen-Süppla

Zutaten für 4 Personen

Für den Fladen:
150 g Mehl · 100 ml Weißbier
Salz · Pfeffer aus der Mühle
getrockneter Oregano · Olivenöl
20 g geriebener Parmesan

Für die Tomatenbutter:
1 getrocknete Tomate (in Öl)
2 Stiele Basilikum
2 Zweige Thymian
100 g Butter · 1 EL Tomatenmark
Salz · Pfeffer aus der Mühle

Für die Aioli:
1 Eigelb · Salz · Pfeffer aus der
Mühle · 2 Knoblauchzehen
200 ml Olivenöl · Zitronensaft

Für die Suppe:
1 Zwiebel · 1 Knoblauchzehe
1 Kartoffel · 1 Pastinake
Butter · 300 g Erbsen
1–2 EL Puderzucker · 50 ml Mär-
zen-Bier · 1/2 l Gemüsebrühe
1 TL gehackte Minze
100 ml Milch

Für die Röllchen:
350 g Rinderfilet · Olivenöl
1 Beet Kresse · 100 g Rucola
Zitronensaft · Salz · Pfeffer
gehobelter Parmesan

Für den Bierlack:
3 EL Zucker · ca. 3 EL helles Bock-
bier · 60 g Dinkelmalz oder
Pinienkerne · 1 kleine Zwiebel
3 EL Bieressig (alternativ anderer
Essig) · 2 EL Olivenöl · Salz
Pfeffer · 1 TL scharfer Senf

1. Für den Fladen den Backofen auf 220 °C vorheizen. Das Mehl mit dem Weißbier zu einem Teig kneten. Mit Salz, Pfeffer und Oregano würzen. Den Teig vierteln und jede Portion zu einem sehr dünnen Fladen aus-rollen. Mit Olivenöl bestreichen, mit Oregano und Parmesan bestreuen und auf ein mit Backpapier belegtes Blech legen. Im Ofen auf der mitt-leren Schiene etwa 10 Minuten backen.

2. Für die Tomatenbutter die getrocknete Tomate in feine Würfel schnei-den. Basilikum und Thymian waschen und trocken tupfen, die Blätter abzupfen und fein hacken. Die Butter mit Tomatenmark, Kräutern und Tomatenwürfen vermengen. Mit Salz und Pfeffer abschmecken.

3. Für die Aioli das Eigelb mit dem Stabmixer pürieren und mit Salz und Pfeffer würzen. Den Knoblauch schälen und dazupressen. Das Olivenöl in einem dünnen Strahl einfließen lassen und untermixen. Die Aioli mit Zitronensaft abschmecken.

4. Für die Suppe Zwiebel und Knoblauch schälen und in feine Würfel schneiden. Kartoffel und Pastinake ebenfalls schälen und in Würfel schneiden. Etwas Butter erhitzen und Zwiebel und Knoblauch darin andünsten. Die Gemüsewürfel dazugeben, die Erbsen hinzufügen und alles mit Puderzucker bestreuen. Das Bier dazugeben, 1 TL Butter unter-rühren und alles unter Rühren karamellisieren. Die Brühe dazugießen und die Gemüsewürfel weich garen.

5. Für die Röllchen das Rinderfilet in dünne Scheiben schneiden und diese auf beiden Seiten mit Olivenöl bestreichen. Mit Frischhaltefolie bedecken und dünn klopfen. Die Folie abziehen und das Fleisch mit Aioli bestreichen. Kresse und Rucola waschen und trocken tupfen, den Rucola und den Großteil der Kresse auf der Aioli verteilen. Die Filetscheiben aufrollen und in Scheiben schneiden.

6. Für den Bierlack den Zucker und 2 EL Bockbier in einer Pfanne erhitzen und karamellisieren. Den Dinkelmalz oder die Pinienkerne unterrühren und karamellisieren. Den Karamell grob zerstoßen. Die Zwiebel in Wür-fel schneiden und mit dem Karamell, Essig, Olivenöl, Salz, Pfeffer und Senf vermengen, mit 1 Schuss Bockbier abschmecken.

7. Die Erbsensuppe mit dem Stabmixer pürieren, die Minze mit der Milch aufschäumen und die Suppe damit garnieren. Die Carpaccioröll-chen mit Bierlack, Zitronensaft und Olivenöl beträufeln, mit Salz und Pfeffer würzen, mit Parmesan und Kresse garnieren und servieren.

Die bayerische Variante des französischen Klassikers überzeugt mit dunklem Doppelbock.

Coq au Bière

Huhn geschmort in dunklem Doppelbock mit Bamberger Hörnla und Ofengemüse

Zutaten für 4 Personen

Für das Hähnchen:
1 Bauernhuhn oder 4–5 große
Hähnchenschenkel
700 ml dunkler Doppelbock
(Porter)
3 Zweige Rosmarin
4 Zweige Thymian
2 Karotten
2 Lorbeerblätter
3 Gewürznelken
Salz
Pfeffer aus der Mühle
3 Zwiebeln
2 Knoblauchzehen
Butter oder Gänsefett
1 EL Tomatenmark
1/4 l Hühnerbrühe

Für das Gemüse:
400 g Bamberger Hörnla
200 g gemischte Karotten
(z. B. gelb und schwarz)
200 g Cocktailtomaten
2 Zweige Rosmarin
3 Zweige Thymian
Olivenöl
Salz
Pfeffer aus der Mühle
40 ml Bierbrand Barrique
200 g Steinpilze
200 g Pfifferlinge

Außerdem:
250 g fränkischer Landschinken
in Scheiben
Rosmarin zum Garnieren

1. Am Vortag das Huhn in Stücke teilen, waschen, trocken tupfen und in eine Schale legen. Mit gut 1/2 l Bier übergießen. Die Kräuter waschen und trocken schütteln. Die Karotten putzen, waschen und in Stücke schneiden. Kräuterzweige, Karotten, Lorbeerblätter und 1 Gewürznelke zum Bier geben und das Huhn darin zugedeckt über Nacht marinieren lassen.

2. Am nächsten Tag das Fleisch aus der Marinade nehmen und die Marinade durch ein Sieb gießen. Die Zutaten im Sieb und die Marinade beiseitestellen. Das Fleisch mit Salz und Pfeffer würzen.

3. Die Zwiebeln schälen, 1 Zwiebel halbieren und mit den übrigen Gewürznelken spicken, die restlichen Zwiebeln in Würfel schneiden. Den Knoblauch schälen und in feine Würfel schneiden. Butter oder Gänsefett erhitzen und die Hähnchenteile darin auf beiden Seiten goldbraun anbraten. Die Hähnchenteile herausnehmen. Zwiebelwürfel, Knoblauch und Tomatenmark im Topf anbraten. Mit der Biermarinade ablöschen und mit der Brühe aufgießen. Die Gewürze, die Möhrenstücke, die gespickte Zwiebel und die Hähnchenteile dazugeben. Alles mit geschlossenem Deckel bei mittlerer Hitze 1 1/2 bis 2 Stunden garen.

4. Für das Gemüse den Backofen auf 160°C vorheizen. Die Kartoffeln waschen und vierteln. Die Karotten putzen, waschen und in etwa 1 cm dicke Scheiben schneiden. Die Cocktailtomaten waschen. Die Kräuter waschen und trocken tupfen. Die Kartoffeln und die Karotten mit Olivenöl und den Kräutern auf einem Backblech verteilen, mit Salz und Pfeffer würzen und im Ofen auf der mittleren Schiene 30 bis 40 Minuten garen. Nach 10 Minuten die Cocktailtomaten dazugeben.

5. Am Ende der Garzeit den Bierbrand zum Huhn geben und weiterköcheln lassen. Die Pilze putzen, trocken abreiben und halbieren. Zu den Hühnerteilen geben und 20 Minuten mitkochen.

6. Den Schinken in einer Pfanne ohne Fett knusprig braten. Zum Servieren die Hähnchenteile mit Sauce, Pilzen, Kartoffeln und Ofengemüse auf Tellern anrichten. Den Schinken darauflegen. Jede Portion mit 1 Zweig Rosmarin garnieren.

Bier im Küchlein?
Ungewöhnlich, aber sehr,
sehr lecker!

Kleiner Schokoladen-Bier-Gugelhupf

mit
Zwetschgensorbet

Zutaten für 4 Personen

Für das Sorbet:
600 g Zwetschgen
1 Vanilleschote
2–3 EL Honig
abgeriebene Schale von 1 Bio-
Zitrone
2 EL Bierbrand

Für den Gugelhupf:
100 g Zartbitterschokolade
30 g Butter
15 g Kakaopulver
30 g Zucker
50 ml dunkles Bier
1 Ei
25 g Schmand
50 g Mehl
1/2 TL Backpulver
Salz
4 Salzbrezeln

Außerdem:
Fett für die Formen

1. Am Vortag für das Sorbet die Zwetschgen waschen, halbieren, entsteinen und in kleine Stücke schneiden. Die Vanilleschote aufschneiden und das Mark herauskratzen. Die Zwetschgenwürfel und das Vanillemark mit 100 ml Wasser und der Zitronenschale in einen Topf geben und alles bei mittlerer Hitze zu einem Kompott köcheln. Das Zwetschgenkompott mit Honig und Bierbrand abschmecken. Mit dem Stabmixer pürieren, in eine Dose mit Deckel umfüllen und über Nacht in das Tiefkühlfach stellen.

2. Am nächsten Tag für den Gugelhupf 50 g Schokolade grob hacken. Die Butter in Stücke schneiden. Schokolade und Butter mit Kakaopulver, Zucker und Bier in einem Topf unter Rühren erwärmen, bis die Schokolade geschmolzen ist und der Zucker sich aufgelöst hat. Die Mischung etwas abkühlen lassen.

3. Den Backofen auf 160°C vorheizen. Vier Mini-Gugelhupfformen einfetten. Das Ei schaumig aufschlagen und die zimmerwarme Bier-Schokoladen-Mischung sowie den Schmand unterziehen. Nach und nach das Mehl, das Backpulver und 1 Prise Salz unterrühren. Den Teig auf die Formen verteilen und im Ofen auf der mittleren Schiene etwa 20 Minuten backen.

4. Die Mini-Gugelhupfe aus dem Ofen nehmen und abkühlen lassen. Die übrige Schokolade schmelzen und die Küchlein damit bestreichen. Mit je 1 Salzbrezel garnieren. Das Zwetschgensorbet aus dem Tiefkühlfach nehmen und etwas antauen lassen. Jeden Gugelhupf mit 1 bis 2 Kugeln Sorbet anrichten.

Mein Tipp:
Sie haben noch ein paar Gugelhupfförmchen übrig? Dann machen Sie doch einfach die doppelte Menge an Küchlein – dafür finden Sie garantiert begeisterte Abnehmer und außerdem halten sich die Küchlein einige Tage im Kühlschrank.

Ofenfrische Dampfnudeln

mit
Bockbier-Vanillesauce

Zutaten für 4 Personen

Für die Dampfnudeln:

170 g Mehl
ca. 15 g frische Hefe
25 g Zucker
60 ml Weizenbock
ca. 60 ml Milch
1 Ei
25 g Butter
Salz
Butterschmalz und kalte Milch
zum Garen

Für die Vanillesauce:

10 g Speisestärke
125 ml Milch
125 ml Weizenbock
20 g Zucker
1/2 Vanilleschote
1 Eigelb

1. Für die Dampfnudeln 85 g Mehl in eine Schüssel geben und in der Mitte eine kleine Mulde formen. Die Hefe mit den Fingern in die Mulde krümeln. 1 EL Zucker, 2 EL Weizenbock und 1 EL Milch zur Hefe in die Mulde geben. Die Hefe mit dem Weizenbock, der Milch und dem Zucker verrühren. Die Schüssel abdecken und die Mischung an einem warmen Ort etwa 15 Minuten ruhen lassen.

2. Nach der Ruhezeit alle Zutaten in der Schüssel miteinander verkneten. Den restlichen Zucker, das Ei und die Butter hinzugeben und unterkneten. Das übrige Mehl nach und nach dazusieben und die restliche Milch, den übrigen Weizenbock und 1 Prise Salz einarbeiten. Den Teig weiterkneten, bis er glatt und geschmeidig ist. In der Schüssel zu einer Kugel formen, abdecken und an einem warmen Ort 1 Stunde gehen lassen, bis er sein Volumen stark vergrößert hat.

3. Den aufgegangenen Teig erneut durchkneten und in 4 faustgroße Kugeln teilen. Die Teigkugeln abdecken und nochmals 30 Minuten gehen lassen.

4. Den Backofen auf 180 °C vorheizen. Etwas Butterschmalz in einer ofenfesten Pfanne mit hohem Rand erhitzen. Die Teigkugeln vorsichtig hineinsetzen. Vom Pfannenrand aus kalte Milch angießen, bis der Pfannenboden etwa 1 cm hoch bedeckt ist. Den Deckel auflegen und die Dampfnudeln auf der mittleren Schiene etwa 30 Minuten garen.

5. Inzwischen für die Vanillesauce die Speisestärke mit etwas Milch glatt rühren. Die restliche Milch mit dem Weizenbock und dem Zucker in einen Topf geben. Die halbe Vanilleschote längs aufschneiden und das Mark herauskratzen. Das Mark und die Schote in die Milch-Bier-Mischung geben. Alles kurz aufkochen, vom Herd nehmen und die Speisestärke einrühren. Die Sauce etwa 30 Sekunden köcheln lassen und wieder vom Herd nehmen. Etwas warme Sauce mit dem Eigelb verrühren, dann diese Mischung zur übrigen Sauce in den Topf geben und glatt rühren. Die Vanilleschote entfernen.

6. Die Pfanne aus dem Ofen nehmen, die Dampfnudeln auf Teller verteilen und mit der warmen Bockbier-Vanillesauce übergießen.

Mein Tipp:

Die Hefe mag's gern warm. Am besten gelingt der Hefeteig, wenn Bier, Milch, Ei und Butter Zimmertemperatur haben.

Gefüllte Hackfleischklößla

mit
Märzenbier-Gerupftem an Ärpfl-Gurken-Salat

Zutaten für 4 Personen

Für den Salat:
800 g Kartoffeln (Bamberger Hörnla)
Salz
1 Salatgurke
200 ml Rinder- oder Gemüsebrühe
4 EL Bieressig (ersatzweise Weißweinessig)
Pfeffer aus der Mühle
Zucker
Essiggurkenwasser
4 EL Pflanzenöl
1/2 Bund Frühlingszwiebeln

Für die Füllung:
1 Zwiebel
150 g Camembert und Limburger (zimmerwarm)
50 g Butter (zimmerwarm)
ca. 100 ml Märzenbier
Salz
Pfeffer aus der Mühle
Paprikapulver

Für die Klöße:
1 Semmel
100 ml Milch
1 Zwiebel
1 Knoblauchzehe
500 g gemischtes Hackfleisch
3 Eier
1 TL Senf
Salz
Pfeffer aus der Mühle
frisch geriebene Muskatnuss
1 TL getrockneter Majoran
Butterschmalz zum Braten

1. Für den Salat die Kartoffeln mit der Schale waschen und in Salzwasser weich garen. Abgießen und kurz abkühlen lassen. Die Kartoffeln pellen.

2. Die Kartoffeln in dicke Scheiben schneiden und in eine Schüssel geben. Die Gurke waschen und in dünne Scheiben schneiden oder hobeln. In eine Schüssel geben, leicht salzen und 10 Minuten ziehen lassen. Die Brühe erhitzen und mit Essig, Salz, Pfeffer und 1 Prise Zucker verrühren. Gegebenenfalls mit etwas Gurkenwasser abschmecken. Die Gurkenscheiben etwas ausdrücken und zu den Kartoffeln geben. Die Brühemischung mit dem Öl verquirlen und über die Salatzutaten geben. Die Frühlingszwiebeln putzen, waschen und in dünne Ringe schneiden. Den Salat damit garnieren.

3. Für die Füllung die Zwiebel schälen und in feine Würfel schneiden. Den Camembert und den Limburger in grobe Würfel schneiden. Zwiebel, Käse und die Butter gut vermischen. Mit Märzenbier, Salz, Pfeffer und Paprikapulver abschmecken.

4. Für die Klöße die Semmel in der Milch einweichen. Die Zwiebel und den Knoblauch schälen und in feine Würfel schneiden. Das Hackfleisch mit Zwiebel, Knoblauch, Eiern und Senf vermischen. Die Semmel ausdrücken und in kleinen Stücken zur Hackfleischmischung geben. Den Fleischteig mit Salz, Pfeffer, Muskatnuss und Majoran abschmecken.

5. Den Fleischteig in handgroße Klöße teilen und flach drücken. Auf jede Portion 2 bis 3 EL Füllung geben, das Ganze zu Klößen formen. Etwas Butterschmalz in einer Pfanne erhitzen und die Klöße darin auf jeder Seite 1 bis 2 Minuten kräftig anbraten. Bei mittlerer Hitze 5 bis 10 Minuten fertig braten.

6. Die Hackfleischklöße auf Teller verteilen und mit dem lauwarmen Salat servieren.

Oberpfalz

Was von hier stammt, ist aus gutem Holz: Die Oberpfalz ist
die Heimat des Bayerischen Walds – eine traditionsreiche
Gegend mit idyllischen Landstrichen und vielen kulturellen
und kulinarischen Schätzen.

Inmitten ausgedehnter Felder und waldiger Wanderwege wartet das Grenzland zwischen dem Bayerischem Wald und dem Böhmerwald mit vielen städtebaulichen Kleinoden auf: Orte mit großer Geschichte und stolzem Erbe. Es lohnt sich, für einen Besuch hier ein bisserl Zeit mitzubringen!

Seit 1603 ist der Biohof Hammermühle im Besitz der Familie Vogl. Als Erlebnishof mit Wald, Weiden, Streuobstwiesen, zwei Hausschweinen und einer im Freien lebenden Angusherde ist er ein beliebtes Ausflugsziel für allerlei Besucher, die immer schon mal wissen wollten, wo glückliche Landtiere leben.

Birgit Vogl

Wald, Wild und Weidehaltung bestimmen den Lebens- und Arbeitsrhythmus auf dem über 400 Jahre alten Biohof ihrer Familie.

So wie es ist, hat sie es sich als Mädchen erträumt. Zumindest fast: „Einen Biobauern habe ich mir als Mann gewünscht. Ein Leben am Wasser. Und vier Kinder", erzählt Birgit, die früher Sozialpädagogin war und nun schon seit 16 Jahren mit ihrem Mann Alfons auf dessen Familienhof „Hammermühle" in der Oberpfalz lebt, umgeben vom Kanal des Flüsschens Schwarzach. Drei Kinder haben die beiden zusammen, Patricia, die Älteste, dazu die Söhne Michael und Maximilian. Biolandwirtschaft betreiben sie ebenfalls, mit einer Angusrinderherde in Mutterkuh- und Weidehaltung, mit Mangalitza-Hausschweinen, die im Freien leben, mit Streuobstwiesen voller Apfel-, Birnen- und Walnussbäume und nicht zu vergessen: mit einem kleinen Sägewerk, das Alfons mit seinem Bruder am Laufen hält.

> **»Ich koche sehr gerne einfache Gerichte – aber mit einer besonderen Note. «**

Die Hauptrolle im Leben der Familie spielt der Wald. Ein 100 Hektar großer Mischwald gehört zum Hof. Viel Holzarbeit und die Jagd sind damit verbunden. „Mein Vater ging schon auf die Jagd. Mein Großvater auch. Und mein Urgroßvater sowieso", erzählt Alfons. Als er 22 Jahre alt war, entschloss er sich schließlich ebenfalls, den Jagdschein zu machen. Als studierter Förster ist ihm die nachhaltige Bewirtschaftung des Walds wichtig, das umsichtige Schützen durch Nützen. Birgit und er betreiben den Hof im Nebenerwerb; beide sind auch für die Waldbesitzervereinigung Neunburg vorm Wald/Oberviechtach tätig. Bevor Birgit Alfons kennenlernte, hatte sie noch wenig Erfahrung im Bereich der Land- und Forstwirtschaft. „Da war der Wald für mich noch etwas ausschließlich Romantisches, etwas, wo man spazieren geht, wandert und die frische Luft genießt", sagt sie. „Durch Alfons und das Leben auf der Hammermühle hat sich meine Einstellung dazu erweitert."

Bäume wachsen langsam, aber stetig. Und genau so ist auch Birgit in ihr neues Leben hineingewachsen: „Ich bin in die Arbeit mit den Tieren hineingewachsen. In die Jagd. Und auch in den Rhythmus, den sowohl der Wald als auch die Tiere vorgeben", erzählt sie. Sie geht Alfons inzwischen ganz selbstverständlich bei der nicht ungefährlichen Waldarbeit zur Hand, hilft beim Zerwirken des Wilds, kümmert sich liebevoll um die beiden Hausschweine, um die Mutterkuhherde auf der Weide, die Hausarbeit und die Kinder. Ein harmonisches Miteinander ist ihr wichtig. Diesen Sinn für Harmonie lebt sie auch in den Momenten aus, in denen sie sich ganz ihrer weiteren Leidenschaft widmet: dem Singen im Chor und dem Musizieren mit der von ihr gegründeten Musikgruppe „Dachbodenmusik".

„Das Wichtigste beim Singen ist, dass wir alle Spaß dran haben", meint sie über ihren Chor – und so gut gelaunt und locker geht sie auch das Kochen an. Eine gemütliche Köchin sei sie, sagen Freundinnen über sie. Eine, die die Ruhe weg hat – und jede Menge Erfahrung im Handgelenk. Als Biobäuerin liegen ihr gesunde Nahrungsmittel am Herzen. Und lieber als „mit irgendwelchem Schnickschnack von sonst woher" kocht sie mit Produkten, die die Region hergibt. Der Bayerwald ist nah, der Böhmerwald ebenfalls, es gibt Pilze, Kräuter und Wildbret zuhauf. Dazu Speck, Wurst und Schmalz von den eigenen Schweinen, Nüsse, Obst, Honig und Most, immer etwas anderes, von Frühling bis in den Winter. Herz, was willst du mehr: Bei Birgit decken die Jahreszeiten den Tisch!

Nein, in dieser Suppe stecken keine Tomaten, sondern Rote Bete und Kartoffeln!

Rote Erdäpfelsuppe

mit
Schwammerl und Speck

Zutaten für 4 Personen

Für die Suppe:
300 g rotfleischige Kartoffeln
(z. B. Rote Emmalie)
1 Knoblauchzehe
1 kleines Stück Lauch
1 Karotte
1 Stück Knollensellerie
1 Petersilienwurzel
1 Rote Bete
Schmalz (z. B. vom Wollschwein)
1 l Brühe
Salz
Pfeffer aus der Mühle

Für die Einlage:
250 g Schwammerl (Speisepilze,
z. B. Pfifferlinge)
50 g Räucherspeck oder Schinken
1 Apfel
2 Zweige Thymian
1 EL Öl
1 EL Waldhonig
Salz
Pfeffer aus der Mühle

Außerdem:
Petersilienblätter zum Garnieren

1. Für die Suppe die Kartoffeln schälen, waschen und in Würfel schneiden. Den Knoblauch und die Gemüse putzen, waschen bzw. schälen und ebenfalls in Würfel schneiden.

2. Das Schmalz in einem großen Topf erhitzen, Knoblauch und die Gemüsewürfel darin andünsten. Die Kartoffeln dazugeben und ebenfalls andünsten. Die Brühe hinzufügen und die Gemüse mit geschlossenem Deckel bei mittlerer Hitze etwa 25 Minuten weich garen. Mit dem Stabmixer im Topf pürieren und mit Salz und Pfeffer abschmecken.

3. Während die Suppe kocht, für die Einlage die Schwammerl putzen, falls nötig, trocken abreiben und in kleine Würfel schneiden. Den Speck oder Schinken ebenfalls in kleine Würfel schneiden. Den Apfel waschen, vierteln, entkernen und in kleine Würfel schneiden. Den Thymian waschen, trocken tupfen und die Blättchen abzupfen.

4. Das Öl in einer Pfanne erhitzen und die Schwammerl, den Speck oder Schinken und den Thymian 5 Minuten darin braten. Die Apfelwürfel hinzufügen und 2 Minuten mitbraten. Den Honig dazugeben, alle Zutaten gut vermischen und mit Salz und Pfeffer abschmecken.

5. Die Suppe auf tiefe Teller verteilen und jede Portion mit etwas Schwammerl-Speck-Einlage toppen. Die Suppe mit Petersilienblättern garnieren und servieren.

Bärlauch hat gerade keine Saison? Nehmen Sie einfach andere Wildkräuter wie Giersch & Co.

Rehgulasch

mit Bärlauchknödeln und buntem Kartoffelspieß

Zutaten für 4 Personen

Für den Fond:

1 kg Fleischabschnitte und
Knochen vom Reh
Schmalz (z. B. vom Wollschwein)
2 1/2 Zwiebeln · 1 Knoblauchzehe
1 1/2 Bund Suppengemüse · 1/2 EL
Tomatenmark · 400 ml kräftiger
Rotwein · 4 Pfefferkörner
1 Gewürznelke · 3 Pimentkörner
4 Wacholderbeeren · 1 Lorbeerblatt · 1 Zweig Thymian
1 Zweig Rosmarin

Für das Gulasch:

1 Zwiebel · 1/2 Bund Suppengemüse · 3 EL Schmalz (z. B. vom
Wollschwein) · 500 g Rehgulasch
1 EL Tomatenmark
1/4 l Rotwein
400 ml Wildfond (siehe oben)
1 Lorbeerblatt · 1 Rosmarinzweig
5 Wacholderbeeren
5 Pfefferkörner
Salz · Pfeffer aus der Mühle
etwas Waldhonig
50 g Sahne (nach Belieben)

Für die Knödel:

100 g Bärlauch (ersatzweise
Giersch, Brennnessel o. a. Wildkräuter) · 125 g weiche Butter
Salz · Knödelbrot von 8–10 Semmeln · 375 ml lauwarme Milch
1 Zwiebel · 4 Eier

Für die Spieße:

300 g bunte Kartoffeln · 1 große
Karotte · 1/2 Knoblauchzehe
1 Zweig Rosmarin · 3 EL Öl
1/2 TL Senf · 1 EL Honig · Salz

1. Für den Fond die Knochen in etwa 5 cm große Stücke hacken. Das Schmalz in einem Bräter erhitzen und die Knochen darin rundum kräftig anbraten. Die Fleischabschnitte dazugeben und 10 Minuten mitbraten.

2. Zwiebeln und Knoblauch schälen und fein würfeln. Suppengemüse putzen, waschen bzw. schälen und in Stücke schneiden. Alles in den Bräter geben und bei starker Hitze anbraten. Tomatenmark einrühren und anrösten. Etwas Wein dazugeben und unter Rühren verkochen lassen. Wenn er fast verkocht ist, wieder etwas Wein dazugeben. Den Vorgang wiederholen, bis der Wein verbraucht ist. Die Knochen mit kaltem Wasser bedecken. Fond aufkochen und die ganzen Gewürze und Kräuterzweige dazugeben. Fond zugedeckt bei schwacher Hitze etwa 2 Stunden köcheln lassen, durch ein Sieb gießen und bei starker Hitze bis zur gewünschten Konsistenz einkochen. Es werden 400 ml gebraucht.

3. Für das Gulasch die Zwiebel schälen und in feine Würfel schneiden. Suppengemüse putzen, waschen bzw. schälen und klein schneiden. Schmalz in einem Topf erhitzen, Fleisch darin rundum scharf anbraten, herausnehmen. Zwiebel und Suppengemüse im Topf anbraten. Tomatenmark einrühren, kurz anrösten, alles mit Wein ablöschen. Wildfond und ganze Gewürze dazugeben, aufkochen. Fleisch dazugeben und zugedeckt etwa 1 Stunde garen. Fleisch und die Hälfte des Gemüses herausnehmen. Sauce und Gemüse im Topf mit dem Stabmixer pürieren und aufkochen. Übriges Gemüse und Fleisch wieder dazugeben, mit Salz und Pfeffer abschmecken. Waldhonig und nach Belieben Sahne hinzufügen, nicht mehr aufkochen. Das Gulasch warm halten.

4. Für die Knödel Bärlauch waschen und trocken tupfen. Bärlauch, Butter und Salz mit dem Stabmixer fein pürieren. Knödelbrot in eine Schüssel geben, salzen, mit Milch übergießen und zugedeckt ziehen lassen. Zwiebel schälen, fein würfeln. Etwas Bärlauchbutter erhitzen, Zwiebel darin andünsten. Mit den Eiern zu den Semmeln geben und alles zu einem Teig verarbeiten, salzen. Teig zu Knödeln formen und in kochendem Salzwasser bei schwacher Hitze 20 Minuten ziehen lassen.

5. Inzwischen für die Spieße den Backofen auf 150 °C vorheizen. Kartoffeln und Karotte schälen, vorgaren, abgießen und in Würfel schneiden. Auf Holzspieße stecken. Knoblauch pressen, Rosmarin waschen, trocken tupfen, Nadeln abzupfen. Mit Knoblauch, Öl, Senf, Honig und Salz verrühren. Die Spieße damit bestreichen und im Ofen 10 bis 15 Minuten backen. Gulasch mit der Sauce und den Spießen anrichten. Nach Belieben mit Birnenhälften und Preiselbeeren servieren.

Luftige Mousse und fluffige Küchlein
zergehen federleicht auf der Zunge.

Oberpfälzer Waldbeerentraum

mit
Mini-Gugelhupfen

Zutaten für 4 Personen

Für die Mousse:
100 g Sahne
250 g Naturjoghurt
50 g Zucker
3 Blatt Gelatine

Für die Gugelhupfe:
Butter und Mehl für die Form
1/2 Vanilleschote
40 g Butter
35 g Puderzucker
1 Ei
25 g Sahne
50 g Mehl
35 g Beeren (z. B. Rote Johannis-
beeren, Heidelbeeren, Brombee-
ren)
etwas Zitronensaft

Für die Sauce:
500 g gemischte Waldbeeren
Zucker
Speisestärke

Außerdem:
Waldbeeren zum Garnieren

1. Am Vortag für die Mousse die Sahne steif schlagen. Den Joghurt und den Zucker verrühren, bis der Zucker sich aufgelöst hat. Die Gelatine in einer kleinen Schüssel in kaltem Wasser 10 Minuten einweichen. Die Blätter ausdrücken, in einem kleinen Topf bei schwacher Hitze auflösen und unter die Joghurtmasse rühren. Die Sahne vorsichtig unterheben, die Masse in kleine Timbale-Förmchen füllen und zugedeckt über Nacht in den Kühlschrank stellen.

2. Am nächsten Tag für die Gugelhupfe eine Mini-Gugelhupf-Form (mit 18 Mulden) mit Butter einfetten und mit Mehl ausstreuen. Den Backofen auf 210 °C vorheizen. Die halbe Vanilleschote aufschneiden und das Mark herauskratzen. Die Butter mit dem Puderzucker glatt rühren, dann das Vanillemark unterrühren. Das Ei unterheben und die Mischung schaumig schlagen. Die Sahne steif schlagen und unterheben. Das Mehl sieben und nach und nach unterrühren.

3. Die Beeren verlesen, waschen, trocken tupfen und mit einer Gabel etwas zerdrücken. Mit etwas Zitronensaft unter den Teig mischen. Den Teig in die Mulden der Gugelhupf-Form füllen und im Ofen auf der zweiten Schiene von unten etwa 12 Minuten backen. Die Gugelhupfe herausnehmen, abkühlen lassen und aus der Form lösen.

4. Für die Sauce die Beeren verlesen, waschen und trocken tupfen. In einem Topf aufkochen, durch ein Sieb passieren und mit Zucker abschmecken. Die Speisestärke mit etwas kaltem Wasser glatt rühren und die Beerensauce damit binden.

5. Die warme Sauce auf Dessertteller verteilen. Die Timbale-Förmchen aus dem Kühlschrank nehmen, kurz in warmes Wasser tauchen und die Mousse vorsichtig auf die Teller stürzen. Je 2 Gugelhupfe daneben anrichten, das Dessert mit Beeren garnieren, nach Belieben mit Minzeblättchen bestreuen und sofort servieren.

Angusfiletrolle

mit
Kräutern

Zutaten für 4 Personen

500 g Rinderfilet (z. B. vom Angusrind)
Salz
Pfeffer aus der Mühle
1 1/2 EL mittelscharfer Senf
2 Handvoll gemischte Kräuter
(z. B. Petersilie, Basilikum, Oregano)
2 EL Olivenöl
3–4 Zweige Rosmarin
3–4 Zweige Thymian
1 EL Butter

1. Das Rinderfilet auf die Arbeitsfläche legen und etwa 1 cm von unten mit einem sehr scharfen Messer von einer langen Seite zur anderen quer einschneiden, aber nicht ganz durchschneiden. Das obere dicke Stück aufklappen und dann noch einmal genauso einschneiden und wieder aufklappen, sodass man eine große, flache Fleischscheibe erhält.

2. Das Fleisch mit Salz und Pfeffer würzen und mit dem Senf bestreichen. Die Kräuter waschen und trocken schütteln, die Blätter abzupfen, klein hacken und auf das Fleisch streuen. Das Fleisch einrollen und die Rolle mit Küchengarn fixieren. Die Fleischrolle nochmals rundum mit Salz und Pfeffer würzen. Den Backofen auf 120 °C vorheizen und ein Stück Alufolie auf das Backblech legen.

3. Das Olivenöl in einer großen Pfanne erhitzen und das Fleisch darin rundum anbraten. Die Rosmarin- und Thymianzweige sowie die Butter hinzufügen und die Butter zerlassen. Die Angusfiletrolle mit der Butter beträufeln.

4. Die Filetrolle auf das Backblech geben und die Kräuterzweige obendrauf legen. Das Fleisch im Ofen auf der mittleren Schiene 45 bis 50 Minuten garen. Die Temperatur auf 70 °C reduzieren und die Filetrolle etwa 10 Minuten im Ofen ruhen lassen.

5. Die Filetrolle aus dem Ofen nehmen und in Scheiben schneiden. Auf Teller verteilen und mit Beilagen nach Wahl servieren. Besonders gut passen Speckbohnen, Kartoffelpüree oder auch Karottengemüse. Eine selbstgemachte Kräuterbutter ergänzt den Gaumenschmaus.

„Flecka"

mit Quark,
Mohn und Pflaumenmus

Zutaten für 1 Flecka

Für den Teig:
125 ml Milch
1/2 Würfel Hefe (21 g)
250 g Mehl
5 EL flüssige Butter
50 g Zucker
Salz
1 Ei
1 TL abgeriebene Bio-Zitronen-
schale

Für den Quarkbelag:
250 g Speisequark
100 g Zucker
3 EL flüssige Butter
1 Ei
2 EL Speisestärke
etwas Zitronensaft

Für den Mohnbelag:
200 ml Milch
150 g gemahlener Mohn
40 g Zucker
2 EL Rum

Für den Pflaumenmusbelag:
200 g Pflaumenmus

Außerdem:
Rosinen zum Garnieren

1. Für den Teig die Milch etwas erwärmen und in eine Schüssel geben. Die Hefe mit den Fingern zerbröckeln und in der Milch auflösen. Mehl, Butter, Zucker, 1 Prise Salz, das Ei und die Zitronenschale dazugeben und alle Zutaten mit den Knethaken des Handrührgeräts zu einem elastischen Teig verkneten. Die Schüssel mit dem Teig zugedeckt an einen warmen Ort stellen und den Teig etwa 45 Minuten gehen lassen, bis er sein Volumen verdoppelt hat.

2. Während der Hefeteig geht, für den Quarkbelag den Quark, Zucker, Butter, Ei, Speisestärke und Zitronensaft gut verrühren.

3. Für den Mohnbelag die Milch in einen Topf geben, Mohn, Zucker und Rum hinzufügen und die Mischung aufkochen. Bei schwacher Hitze ein paar Minuten köcheln lassen. Vom Herd nehmen und auskühlen lassen.

4. Für den Pflaumenmusbelag das Pflaumenmus eventuell mit etwas lauwarmem Wasser verdünnen und glatt rühren, sodass es streichfähig ist. Den Backofen auf 160 °C Umluft vorheizen.

5. Den Hefeteig groß und rund ausrollen, den Rand etwas einschlagen und den Teig mit einer Gabel mehrmals einstechen. Den „Flecka" auf ein mit Backpapier belegtes Blech legen.

6. Jeden Belag separat in einen Gefrierbeutel geben. Eine Spitze von jedem Beutel abschneiden und die Beläge nacheinander in schönen Mustern auf dem Teig verteilen. Mit Rosinen bestreuen und im Ofen auf der mittleren Schiene etwa 25 Minuten backen. Den „Flecka" aus dem Ofen nehmen, in Stücke schneiden und servieren.

Mein Tipp:
Dieser Schmierkuchen (auch „Flecken" genannt) kommt ursprünglich aus dem bayerisch-böhmischen Grenzgebiet und wird traditionell zu Kirchweih oder Ostern zubereitet. Bei uns auf der Hammermühle werden zum Osterfest „Flecka" gebacken.

An der Stelle des Kuhstalls steht heute ein neues Gästehaus mit Ferienwohnungen. Die Tiere möchten Barbara Weiherer und ihre Familie aber nicht missen – ihre Gäste auch nicht! Darum haben die Kühe und die Angusrinder in Mutterkuhhaltung ihren festen Platz auf dem Hof.

Barbara Weiherer

Die Landfrau meisterte die Umstellung von einem reinen Milchviehbetrieb zum idyllischen Bauernhof-Urlaubsdomizil.

Anton und Emil Weiherer sind erst zweieinhalb Jahre und zehn Monate alt. Trotzdem haben die beiden Buben es schon geschafft, eine Tradition auf den Kopf zu stellen: Bisher wurde der Simmernhof im zu Burglengenfeld gehörenden Örtchen Mossendorf immer an Frauen übergeben – mangels männlicher Nachkommen. Barbara Weiherer war die jüngste von drei Schwestern, ihre Mutter eine von vier Töchtern. Tatsächlich leben heute vier Generationen auf dem hübschen Hof direkt an der Naab – von den beiden kleinen Weiherer-Jungs bis zur 94-jährigen Uroma.

Auch unabhängig von den nun wieder vorhandenen männlichen Hoferben hat sich der Simmernhof in den letzten Jahren sehr verändert. „Wir waren ursprünglich ein klassischer Milchviehbetrieb", erzählt die Landfrau aus dem Oberpfälzer Wald. „Auch ich selbst habe mich als Kind eigentlich immer als Milchbäuerin gesehen. Aber wir mussten der Realität ins Auge schauen." Und diese Realität legte nahe, dass die weitaus tragfähigere Perspektive für den Hof, auch wegen dessen einzigartiger Lage unmittelbar am Fluss, nicht beim Festhalten an der Milchwirtschaft liegen könnte, sondern dass der Schwerpunkt beim Urlaub auf dem Bauernhof liegen sollte. „Deshalb haben wir uns entschieden, den alten Kuhstall abzureißen und stattdessen ein Gästehaus zu bauen."

Das schmucke rote Haus beherbergt heute fünf Ferienwohnungen und zwei Doppelzimmer – und ist als Urlaubsdomizil überaus gefragt. Die Lage ist tatsächlich einzigartig: Auf der einen Seite gibt es unmittelbare Anbindung an das städtische Flair von Burglengenfeld; auch der Künstlerort Kallmünz ist gerade mal zehn Kilometer entfernt. Auf der anderen Seite wartet Landidylle pur, mit viel Platz zum Toben für Kinder und Möglichkeiten für Bootsausflüge oder Angelnachmittage an der fischreichen Naab. „Zwar angelt bei uns

in der Familie selbst keiner, aber da wir merken, dass das stark nachgefragt wird, haben wir uns natürlich schlaugemacht und können den Gästen Tipps geben." Und ja, Kühe halten die Weiherers auch noch. „Ganz ohne Tiere zu sein, konnten wir uns nicht vorstellen. Deswegen haben wir auf Mutterkuhhaltung mit Angusrindern umgestellt", berichtet Barbara.

Um die landwirtschaftlichen Belange kümmert sich allerdings bis heute eher ihr Mann Simon, gemeinsam mit ihrem Vater. Simon arbeitet hauptberuflich als Zimmerermeister. Barbaras Aufgabenbereich liegt vor allem in der Organisation des Ferienwohnungsbetriebs. „Da ist viel Büroarbeit dabei – Buchungsanfragen beantworten, Belegungen einteilen, aber auch die Gäste begrüßen und das Frühstücksbüffet herrichten, das wir optional anbieten."

Da der Urlaub in der Oberpfalz ein wesentlicher Teil von Barbaras Leben geworden ist, wollte sie dieses Gefühl auch den Landfrauen vermitteln, als diese auf dem Simmernhof zu Gast waren – nicht nur beim Begleitprogramm, sondern auch beim Menü, das sie unter das Motto „Ein kulinarischer Urlaubstag in der Oberpfalz" gestellt hatte. Zur Vorspeise gab es, der unmittelbaren Nähe zur Naab entsprechend, einen Waller-Apfel-Spieß. Und beim Hauptgang, einem „Hofrundgang durch Stall und Garten" kamen nicht nur die hofeigenen Angusrinder zum Tragen, sondern auch das Gemüse aus dem üppigen, liebevoll gepflegten Bauerngarten des Simmernhofs. Das Motto ihres Menüs beweist auch, dass Barbara inzwischen vollkommen bei der neuen Betriebsform ihres Hofs angekommen ist. „Im Nachhinein", resümiert sie, „hat sich gezeigt, dass die Entscheidung, die wir getroffen haben, absolut richtig war."

Waller ist die bayerische
Bezeichnung für den Wels. Sein
festes Fleisch eignet sich gut zum
Braten oder Grillen.

Waller-Apfel-Spieß

auf Salat
mit Holunderblütendressing

Zutaten für 4–6 Personen

Für die Spieße:
750 g Wallerfilet
1 Zitrone
1 Bund Petersilie
Salz
Pfeffer aus der Mühle
3 rote Äpfel
Zitronenöl zum Braten

Für den Salat:
1 Kopfsalat
1 Lollo rosso
2 EL Apfelessig
4 EL Öl
Salz
Pfeffer aus der Mühle
Holundersirup
Borretschblüten zum Garnieren

1. Für die Spieße das Wallerfilet kurz waschen, mit Küchenpapier trocken tupfen und in etwa 2 1/2 cm große Würfel schneiden. Die Zitrone auspressen. Die Petersilie waschen und trocken schütteln, die Blätter abzupfen und fein hacken. Die Fischwürfel mit Zitronensaft, Salz, Pfeffer und Petersilie mischen und etwa 20 Minuten marinieren.

2. Die Äpfel waschen, mit der Schale achteln, die Kernghäuse entfernen und die Achtel zweimal quer durchschneiden; die Stücke sollten etwa so groß sein wie die Fischwürfel. Apfelstücke und Fischwürfel abwechselnd auf lange Holzspieße stecken.

3. Für den Salat vom Kopfsalat und vom Lollo rosso die äußeren Blätter entfernen. Die Salate in die einzelnen Blätter teilen, waschen, trocken schleudern und in mundgerechte Stücke zupfen.

4. Das Zitronenöl in einer Pfanne erhitzen und die Spieße darin bei mittlerer Hitze auf jeder Seite 2 bis 3 Minuten braten, dabei möglichst wenig wenden.

5. Essig, Öl, Salz und Pfeffer zu einem Dressing verrühren und mit Holundersirup nach Geschmack süßen. Das Dressing über dem Salat verteilen und gut untermischen.

6. Den Salat auf Teller verteilen und die Waller-Apfel-Spieße darauf anrichten. Mit Borretschblüten garnieren und servieren.

Mein Tipp:
Der Fischspieß schmeckt warm oder kalt. Zum Garnieren 1 rotbackigen Apfel waschen und mit der Schale in Scheiben schneiden. Aus den Scheiben mit einem Herzausstecher kleine Herzen ausstechen und auf die Teller verteilen.

Angus-Roastbeef mit Sommerdip

und Kartoffel-Kräuter-Strudel
auf Gemüse

Zutaten für 4–6 Personen

Für das Roastbeef:
1 1/2 kg Roastbeef (mindestens
2 Wochen gereift)
Salz
Pfeffer aus der Mühle
Kräutersenf
1 Zweig Rosmarin

Für den Dip:
je 1 Bund Schnittlauch, Petersilie
und Liebstöckel
2 Zweige Rosmarin
150 g Schmand
150 g Crème fraîche
Saft von 1/2 Zitrone
3 EL Kräutersenf
3 EL Zucker
1 TL Pfeffer aus der Mühle
Salz

Für den Strudel:
1 kleine Zwiebel
je 1 Bund Petersilie und Schnitt-
lauch
200 g Feta (Schafskäse)
Butter zum Braten
750 g mehligkochende Kartof-
feln (vom Vortag, gekocht und
durchgepresst)
1 Ei
ca. 750 g Mehl
Salz · Pfeffer aus der Mühle

Für das Gemüse:
2 junge Zucchini
je 2 gelbe und rote Paprika-
schoten
2 rote Zwiebeln
Öl zum Braten
Salz · Pfeffer aus der Mühle

1. Für das Roastbeef das Fleisch 2 Stunden vor der Zubereitung aus dem Kühlschrank nehmen. Den Backofen auf 150 °C vorheizen. Das Fleisch rundum gut mit Salz und Pfeffer würzen. Eine Pfanne ohne Fett erhitzen und das Fleisch darin rundum sehr stark anbraten. Herausnehmen und mit dem Senf einreiben. In einen Bräter legen, den Rosmarin darauflegen und das Roastbeef im Ofen auf der mittleren Schiene 50 bis 60 Minuten bis zu einer Kerntemperatur von 56 °C garen.

2. Inzwischen für den Dip Schnittlauch, Petersilie, Liebstöckel und Rosmarin waschen und trocken schütteln. Blätter oder Nadeln abzupfen und im Mixer sehr fein zerkleinern. Alle anderen Zutaten sowie 1 TL Salz dazugeben und alles gut verrühren. Den Dip zugedeckt beiseitestellen.

3. Für den Strudel die Zwiebel schälen und in feine Würfel schneiden. Die Kräuter waschen, trocken schütteln und fein hacken. Den Feta in kleine Würfel schneiden. Die Butter erhitzen und Zwiebel und Kräuter darin andünsten. Abkühlen lassen. Die Kartoffeln mit dem Ei, Mehl und Salz zu einem festen Teig verkneten, eventuell etwas mehr Mehl verwenden. Den Teig zügig auf einer Backmatte ausrollen. Die Kräuter-Zwiebel-Mischung darauf verteilen, den Feta darüberstreuen und mit Salz und Pfeffer bestreuen. Den Teig zu einem Strudel aufrollen und in etwa 1 1/2 cm dicke Scheiben schneiden. Die Butter in einer Pfanne erhitzen und die Strudelscheiben darin knusprig backen.

4. Für das Gemüse die Zucchini putzen, waschen, mit einem Wellenschneider längs vierteln und in dünne Scheiben oder kleine Würfel schneiden. Die Paprikaschoten längs halbieren, entkernen, waschen und in rautenförmige Stücke schneiden. Die Zwiebeln schälen und in große Würfel schneiden.

5. Das Fleisch aus dem Ofen nehmen und zugedeckt 15 Minuten ruhen lassen. Etwas Öl in einer großen Pfanne erhitzen und die Zucchini darin auf beiden Seiten braun anbraten. Etwas Öl in einer zweiten Pfanne erhitzen, die Paprikastücke darin anbraten, dann zu den Zucchini geben. Die Zwiebeln ebenfalls in der zweiten Pfanne anbraten und zur Zucchini-Paprika-Mischung geben. Die Gemüsemischung mit reichlich Salz und Pfeffer abschmecken.

6. Das Roastbeef mit einem scharfen Messer in dünne Scheiben schneiden und auf Teller verteilen. Das Gemüse und den Strudel daneben anrichten. Den Dip in einem Schälchen dazu servieren.

Ein Paradies für Himbeerfans. Und dazu Waffelhörnchen, die besser schmecken als in jeder Eisdiele.

Buttermilchmousse

mit Himbeereis
im Waffelhörnchen

Zutaten für 4–6 Personen

Für die Mousse:
150 g Sahne
4 Blatt Gelatine
300 g Buttermilch
75 g Puderzucker
1 1/2 EL Zitronensaft
4–6 EL Himbeermus

Für die Hörnchen:
1 Ei
50 g Zucker
1/2 EL Vanillezucker
50 g Mehl

Für das Eis:
300 g Himbeeren
200 g Sahne
200 g Naturjoghurt
50 g Zucker
30 ml Himbeergeist

Außerdem:
Himbeermus und Pimpinelle
zum Garnieren

1. Für die Mousse die Sahne steif schlagen und kühl stellen. Die Gelatine in einer kleinen Schüssel in kaltem Wasser 10 Minuten einweichen. Die Buttermilch mit dem Puderzucker und dem Zitronensaft verrühren. Die Gelatine mit den Händen gut ausdrücken und in einem kleinen Topf bei schwacher Hitze auflösen. Mit etwas Buttermilchmischung verrühren, dann mit dem Rest mischen. Die geschlagene Sahne unterheben und die Creme auf kleine Gläser verteilen. Mindestens 2 Stunden kühl stellen.

2. Für die Waffelhörnchen alle Zutaten zu einem nicht zu flüssigen Teig verrühren. Aus dem Teig mithilfe eines Waffeleisens mit einem Hörncheneisen kleine Hörnchen backen und abkühlen lassen.

3. Für das Himbeereis die Himbeeren verlesen, waschen und trocken tupfen. Im Mixer pürieren und durch ein Sieb streichen. Mit den übrigen Zutaten gut mischen, in eine Eismaschine füllen und etwa 40 Minuten gefrieren lassen.

4. Die Teller nach Belieben mit etwas Himbeermus verzieren. Die Mousse aus dem Kühlschrank nehmen und einen kleinen Fruchtspiegel aus Himbeermus auf jede Portion geben. Das Glas mit der Mousse auf den Teller stellen, das Himbeereis rasch auf die Waffelhörnchen verteilen und danebenlegen. Mit Pimpinelle garnieren und sofort servieren.

Mein Tipp:
Wenn Sie keine Eismaschine haben, können Sie auch die ganzen Himbeeren einfrieren und nach etwa 1 Stunde mit Zucker und Sahne, aber ohne den Joghurt, im Mixer rasch mixen.

Käserolle

mit
Kräutern

Zutaten für 4 Personen

2 Eier
500 g Edamer
1 Bund Petersilie
1 Bund Schnittlauch
1 Handvoll Liebstöckelblätter
400 g gekochter Schinken
125 g weiche Butter
2 Ecken Sahne-Schmelzkäse
100 g Frischkäse
Salz
Pfeffer aus der Mühle

1. Am Vortag die Eier in kochendem Wasser etwa 8 Minuten hart kochen. Abgießen, kalt abschrecken und abkühlen lassen.

2. Den Edamer im Ganzen in zwei ineinandergesteckte Gefrierbeutel geben und diese gut zubinden. Den Käse in einen Topf mit heißem Wasser geben und bei schwacher bis mittlerer Hitze 30 Minuten bei mittlerer Hitze schmelzen lassen. Er darf keinen festen Kern mehr haben.

3. Die Eier pellen und in sehr feine Würfel schneiden. Die Kräuter waschen und trocken tupfen, die Blätter abzupfen und fein hacken. Beiseitelegen. Den Schinken in feine Würfel schneiden.

4. Die Butter in einer großen Schüssel schaumig rühren. Den Schmelzkäse dazugeben und unterrühren. Die gewürfelten Eier, die Kräuter, den Schinken und den Frischkäse hinzufügen und alle Zutaten gut vermischen. Die Füllung mit Salz und Pfeffer kräftig abschmecken.

5. Den geschmolzenen Edamer zwischen zwei Backfolien oder zwei Bögen Backpapier etwa 4 mm dünn ausrollen. Das obere Backpapier abnehmen und die Füllung gleichmäßig auf dem Edamer verstreichen. Das Ganze mithilfe des unteren Backpapiers fest aufrollen und über Nacht abkühlen lassen.

6. Am nächsten Tag die Käserolle in Scheiben schneiden und auf Brotscheiben servieren oder auf einer Platte anrichten.

Gewürz-Bananenkuchen

mit
Schokolade

Zutaten für 1 Kastenform

250 g weiche Butter
250 g Zucker
3 Eier
Fett für die Form
300 g Mehl
1 TL Natron
2 TL Backpulver
1/2 TL gemahlene Nelken
2 TL Zimtpulver
2 TL Kakaopulver
3–4 reife Bananen
100 g Schokoraspel

1. Die Butter und den Zucker in eine Schüssel geben und schaumig schlagen. Die Eier einzeln dazugeben und unterrühren. Den Backofen auf 180 °C vorheizen und eine Kastenform einfetten.

2. Das Mehl mit Natron, Backpulver, gemahlenen Gewürzen und Kakaopulver in einer zweiten Schüssel vermischen. Dann vorsichtig unter die Eiermischung rühren.

3. Die Bananen schälen und mit einer Gabel zerdrücken. Das Bananenmus und die Schokoraspel unter den Teig rühren.

4. Den Teig in die Form füllen und auf der mittleren Schiene 45 Minuten backen (Stäbchenprobe machen!). Den Bananenkuchen aus dem Ofen nehmen und in der Form abkühlen lassen. Den Kuchen stürzen und in Stücke schneiden.

Mein Tipp:
Der Bananenkuchen ist perfekt geeignet, um sehr reife Bananen weiterzuverarbeiten, die liefern eine tolle Fruchtsüße. Er lässt sich gut am Vortag zubereiten und bleibt lange saftig – so kann man ihn gut noch nach zwei bis drei Tagen genießen.

Niederbayern

Donau und Inn schwemmten hier über die Jahrhunderte
ertragreichen Boden an – ideal für den fruchtbaren Ackerbau.
Die Nähe zu Österreich trägt zum kulinarischen Glück
noch ihr Übriges bei.

Herzlich willkommen: In Niederbayern wird die Gastfreundschaft großgeschrieben. Wo viel wächst, wird auch viel geerntet – dann kommen all die Köstlichkeiten auf den Tisch, die die Landfrauen hier mit feinem Understatement – und viel Gefühl und Raffinesse zubereiten.

Griaß eich Gott, liebe Bäuerinnen vo da Landfrauenküche 2017

Viel haben die Zehetmeiers auf ihrem Hof erneuert. Die Hennen leben im Freien, die Kühe haben Weidegang. Kein Wunder, dass Edeltrauds Hofladen mit der Rohmilch-Tankstelle eine beliebte Anlaufstelle ist für Kunden, die den ursprünglichen Geschmack von Bioprodukten schätzen.

Edeltraud Zehetmeier

Mit ihrem Mann Paul macht sie den Biohof am Ufer der Vils fit für die Zukunft – und für die nächste Generation.

Der Weg ins Freie führt über eine Brücke aus Holz. Sie verbindet den Hof der Familie Zehetmeier mit dem Flüsschen Vils und den angrenzenden Wiesen und Weiden. Schon vor ein paar Jahren haben Paul und Edeltraud ihren über 150 Jahre alten Vollerwerbsbetrieb auf Biolandwirtschaft umgestellt. Seither dürfen ihre Milchkühe immer den Weg über die Brücke nehmen. Vom Hof hinaus ins Grüne an die frische Luft, rein in den Stall zum Melken – und wieder zurück. Wenn das Wetter passt, sind die Tiere den ganzen Tag über draußen. Die Umstellung auf Weidehaltung verlieh dem Leben am Hof nochmals neue Qualität und Schwung. Auch zwei Hühnermobile kamen hinzu. Damit fährt Edeltraud ihre Hennen jede Woche zu einer anderen Stelle auf der Weide. Dort picken die gefiederten Eierproduzenten Käfer und Würmer und luchsen einander die zartesten Kleeblätter ab. „Den frischen Klee mögen sie allerweil am liebsten", erzählt Edeltraud und fügt hinzu: „Wenn es unseren Kühen und Hennen gut geht, dann geht's uns auch gut, das macht uns dann einfach glücklich!"

Direkt an der Vils gelegen, war der Hof der Zehetmeiers früher einmal eine Mühle. Paul ist hier geboren. Bis heute fasziniert ihn alles, was plätschert und fließt. Wenn er sich mit Edeltraud ein paar Tage freinehmen kann, fahren die beiden gerne ans Meer oder an ein anderes größeres Gewässer. So kam Paul auf die Idee, den Milchkühen urlaubstaugliche Namen zu geben, eine zum Beispiel heißt „Nil". Den schönsten Platz am Hof haben sich die Zehetmeiers ebenfalls ans Wasser gebaut: eine Terrasse am Ufer der Vils. Da sitzen sie abends schon mal alle beisammen, Edeltraud, Paul, Sohn Bernhard, der den Hof einmal übernehmen wird, sowie die Töchter Marina, Sabine und Carola. Und mit den beiden Enkelkindern Paulina und Rosalie kam auch schon die nächste Generation hinzu. „Dass wir als Familie zusammenhalten, ist für uns ganz wich-

tig", sagt Edeltraud. Neue Ziele gemeinsam zu meistern, den Hof zukunftssicher zu gestalten und sich dabei tatkräftig zu unterstützen – diese Einstellung entsprach ihr schon, als sie vor über 30 Jahren vom nahe gelegenen Sippenbach auf Pauls elterlichen Hof heiratete und mit ihm eine Familie gründete.

Ursprünglich hatte sie Metzgereifachverkäuferin gelernt – das zupackende Handwerk half ihr, sich als junge Frau in die landwirtschaftliche Arbeit leichten Herzens einzufinden. Außerdem studierte sie noch drei Semester mit dem Abschluss der staatlich geprüften Hauswirtschafterin im ländlichen Bereich. Heute kümmert sie sich um die Hühner und das Vieh auf der Weide, lenkt bei der Heuernte den Bulldog, hält Familie, Haus und Garten zusammen und betreut den Hofladen, in dem sich eine qualitätsbewusste Kundschaft mit Bio-Eiern, Mehl, Nudeln, Käse und Rohmilch eindeckt. Bei all der Arbeit hat sie sich den Sinn fürs Innehalten bewahrt: „Beim Melken im Stall kann ich in aller Ruhe nachdenken – über alles, was war, und alles, was kommt. Das gibt mir Energie für den ganzen Tag."

Die Balance halten, Unterschiedliches harmonisch verbinden – das gelingt ihr besonders auch beim Kochen. Was ihre helle, freundliche Küche verlässt, ist bodenständig, frisch und modern. Einsprengsel aus der mediterranen und französischen Küche finden sich darin ebenso wie neue, schonende Garmethoden. Sorgfältig und mit Erfahrung kombiniert sie die Dinge so, bis sich Herzhaftes und Leichtes wie selbstverständlich miteinander verbinden. Schön ausschauen soll es, gut schmecken muss es und dabei sind natürliche Grundprodukte für sie das A und O. „Wenn es gut ist und passt, hab ich eine Freude daran", sagt sie in ihrer bescheidenen Art. Und ihre Gäste auch!

Außen knusprig und innen saftig lecker – das macht die Forellenpralinen unwiderstehlich.

Forellenpralinen

mit
Blattsalat

Zutaten für 4 Personen

Für die Pralinen:
300 g geräuchertes Forellenfilet
100 g Schmand
1 Eigelb
1 TL gehackter Dill
Pfeffer aus der Mühle
Salz
Dinkeldunst (grobes Dinkelmehl)
Semmelbrösel
1 Ei
2 EL Milch
Olivenöl zum Frittieren

Für den Salat:
gemischte Blattsalate der Saison
3 EL Ahornsirup
1/4 TL Salz
4 EL Aceto balsamico rosso
4 EL Balsamico bianco
1 EL Weißweinessig
1 EL Leinöl
3 EL Olivenöl

1. Für die Forellenpralinen das Fischfilet in sehr feine Würfel schneiden und in eine Schüssel geben. Mit Schmand, Eigelb, Dill und 1 TL Pfeffer gut verrühren. Die Mischung einige Minuten ziehen lassen.

2. Für den Salat die Blattsalate waschen, trocken schütteln und auf Tellern anrichten. Den Ahornsirup mit dem Salz, den 3 Essigsorten und den 2 Ölsorten sowie 2 EL Wasser zu einem Dressing verrühren.

3. Die Fischmischung mit Salz und Pfeffer abschmecken. Den Dinkeldunst und die Semmelbrösel jeweils in tiefe Teller geben. Das Ei in einem tiefen Teller mit der Milch verquirlen. Die Fischmischung zu 12 kleinen Pralinen formen und zuerst im Dinkeldunst, dann im verquirlten Ei wenden. Mit den Semmelbröseln panieren.

4. Das Olivenöl in einer hohen Pfanne stark erhitzen. Es ist heiß genug, wenn sich an einem hineingehaltenen Holzlöffelstiel Blasen bilden. Die Forellenpralinen portionsweise im Öl etwa 5 Minuten goldbraun frittieren. Mit dem Schaumlöffel herausnehmen und auf Küchenpapier entfetten.

5. Das Dressing auf den Salat träufeln und je 3 Forellenpralinen auf jeder Portion anrichten. Die Vorspeise sofort servieren.

Mein Tipp:
Sie können den Salat auch noch mit in dünne Stifte geschnittenen Radieschen und essbaren Blüten garnieren.

Sous-vide-gegartes Dry Aged Steak

mit Kartoffelgratin, Spargel, Zwiebel süßsauer und Kräuterbutter

Zutaten für 4 Personen

Für das Steak:
2 Knoblauchzehen
je 4 Zweige Rosmarin und
Thymian · 1 kg Rinderlende
(ca. 5 cm dick) · Olivenöl
Pfeffer aus der Mühle
Butter in Flocken
Fleur de Sel

Für die Zwiebeln:
700 g rote Zwiebeln · 100 g Butter · 80 g Puderzucker
1/4 l trockener Rotwein
100 ml Aceto balsamico rosso
Salz · Pfeffer aus der Mühle

Für das Gratin:
Butter und Knoblauch für
die Form
700 g Kartoffeln
150 ml Milch · 150 g Sahne
je 3 Zweige Rosmarin und
Thymian
Salz · Pfeffer aus der Mühle
100 g geriebener Rohmilchkäse

Für den Spargel:
500 g grüner Spargel (ersatzweise 200 g Zuckerschoten)
1 EL Butter · 1 TL Zucker
Salz · Pfeffer aus der Mühle
1 EL fein gehackte Petersilie

Für die Kräuterbutter:
2–3 getrocknete Tomaten
1/2 Bund Petersilie
10 Schnittlauchhalme
2 Knoblauchzehen
100 g weiche Butter · Salz

1. Am Vortag für das Steak den Knoblauch schälen und in Scheiben schneiden. Die Kräuter waschen, trocken tupfen und die Nadeln bzw. Blätter abzupfen. Die Rinderlende mit Olivenöl, Rosmarin, Thymian, Knoblauch und Pfeffer einreiben, in einen Beutel für das Sous-vide-Garen geben und vakuumverpackt über Nacht ziehen lassen.

2. Am nächsten Tag für die Zwiebeln die Zwiebeln schälen und in dünne Ringe schneiden. Die Butter in einem Topf erhitzen und den Puderzucker einrühren. Die Zwiebeln hinzufügen und unter Rühren dünsten. Den Wein und den Essig dazugeben und alles bei mittlerer Hitze etwa 2 Stunden einkochen lassen. Mit Salz, Pfeffer und eventuell etwas Essig abschmecken.

3. Das Fleisch im Sous-vide-Garer bei 59 °C etwa 1 Stunde garen.

4. Inzwischen für das Gratin den Backofen auf 175°C vorheizen. Eine ofenfeste Form mit Butter und Knoblauch bestreichen. Die Kartoffeln schälen, in feine Scheiben hobeln und in der Form verteilen. Milch, Sahne und die Kräuterzweige in einen Topf geben und kurz aufkochen. Gut mit Salz und Pfeffer würzen und durch ein Sieb auf die Kartoffelscheiben gießen. Das Gratin im Ofen auf der mittleren Schiene etwa 35 Minuten backen, mit dem Käse bestreuen und 15 Minuten fertig backen.

5. Für den Spargel den Spargel waschen und im unteren Drittel schälen, die holzigen Enden abschneiden und die Stangen (z. B. schräg) in Stücke schneiden. Die Butter in einer Pfanne erhitzen, den Zucker darin karamellisieren. Den Spargel hinzufügen und 3 bis 5 Minuten anbraten. Mit Salz, Pfeffer und Petersilie würzen und kurz weiterdünsten.

6. Für die Kräuterbutter die getrockneten Tomaten fein hacken. Die Kräuter waschen und trocken schütteln, die Petersilienblätter abzupfen und fein hacken, den Schnittlauch in feine Röllchen schneiden. Den Knoblauch schälen und fein hacken. Tomaten, Knoblauch und Kräuter gründlich mit der Butter vermischen, 1 TL Salz einarbeiten. Kleine Röschen formen und kühl stellen.

7. Das Fleisch aus dem Beutel nehmen und trocken tupfen. In einer großen Pfanne auf beiden Seiten scharf anbraten. Butterflocken, Thymian, Rosmarin und zerdrückten Knoblauch hinzufügen und alles einige Minuten braten. Das Fleisch in dünne Scheiben schneiden, als Rose auf Tellern anrichten und mit Fleur de Sel würzen. Kartoffelgratin, Zwiebeln, Spargelgemüse und Kräuterbutter daneben anrichten.

Mein Tipp

Für Ihre liebsten Gäste können Sie mit einem großen Plätzchenausstecher aus dem Apfelkuchen Herzen ausstechen – oder auch gleich kleine Apfelkücherl in Herzformen backen. Dadurch verringert sich jedoch die Garzeit jeweils um einige Minuten.

Lauwarmer Apfelkuchen

mit Eierliköreis
auf Johannisbeerfruchtspiegel

Zutaten für 4 Personen

Für den Kuchen:
4 Äpfel
100 g gemahlene Mandeln
200 g Dinkelmehl
2 TL Backpulver
Salz
120 g Rohrohrzucker
1 TL Zimtpulver
200 g Sonnenblumenöl
3 Eier
150 g Schmand

Für das Eis:
1 Vanilleschote
200 g Sahne
200 ml Milch
70 g Rohrohrzucker
5 Eigelb
50 ml Eierlikör (am besten selbst gemacht)

Außerdem:
Johannisbeergelee

1. Für den Kuchen die Äpfel vierteln, schälen und entkernen. Die Viertel in feine Stifte schneiden und in eine Schüssel geben. Mandeln, Mehl, Backpulver, 1 Prise Salz, Zucker, Zimt und Öl unterrühren. Die Eier dazugeben und untermischen, dann den Schmand unterrühren. Eine Springform (28 cm Durchmesser) mit Backpapier auslegen und den Teig einfüllen. Im Ofen auf der mittleren Schiene etwa 50 Minuten backen.

2. Inzwischen für das Eis die Vanilleschote aufschneiden und das Mark herauskratzen. Sahne, Milch, Vanillemark und 50 g Zucker in einem Topf aufkochen. Die Eigelbe mit dem übrigen Zucker in einer Schüssel über dem heißen Wasserbad aufschlagen. Die Sahne-Milch-Mischung nach dem Aufkochen auf etwa 80 °C abkühlen lassen und die Eigelbmasse dazugeben. Alles etwa 10 Minuten aufschlagen. Anschließend über dem kalten Wasserbad weiterschlagen und abkühlen lassen.

3. Die Creme in die Eismaschine füllen und nach Gebrauchsanweisung rühren. Kurz vor Ende der Gefrierzeit den Eierlikör dazugeben.

4. Zum Servieren das Johannisbeergelee glatt rühren und in einen Spritzbeutel füllen. Dekorativ auf Dessertteller tupfen. Je 1 Stück lauwarmen Apfelkuchen und 1 große Kugel Eierliköreis auf jedem Teller anrichten. Das Eis nach Belieben mit Eierlikör beträufeln. Das Dessert sofort servieren.

Rindfleischsuppe

mit
Kaspressknödeln und Leberspätzle

Zutaten für 4 Personen

Für die Suppe:
Salz
1 TL gemahlene Kurkuma
400 g Suppenfleisch (Bauch,
Brust oder Beinscheibe)
200 g Rinderknochen
1 Zwiebel
3 Karotten
1/4 Stange Lauch
50 g Knollensellerie
Pfeffer aus der Mühle
1 Lorbeerblatt
5 Stiele Petersilie
Schnittlauchröllchen zum
Servieren

Für die Knödel:
250 g Knödelbrot
125 ml heiße Milch
1 Zwiebel
1 Bund Petersilie
Butter
Salz
Pfeffer aus der Mühle
200 g Bergkäse
4 Eier

Für die Leberspätzle:
1 kleine Zwiebel
Butter zum Braten
250 g Rinderleber
2 Eier
125 g Dinkelmehl
1 EL Majoran
Salz
Pfeffer aus der Mühle

1. Für die Suppe in einem großen Topf 2 l Wasser aufkochen und salzen. Die Kurkuma hineingeben. Das Suppenfleisch und die Rinderknochen einlegen und 2 Minuten sprudelnd kochen lassen. Das Wasser abgießen, das Fleisch und die Knochen in einem Sieb kurz abbrausen und beiseitelegen.

2. Die Zwiebel schälen und in grobe Würfel schneiden. Die Gemüse putzen und waschen bzw. schälen. Fleisch, Knochen, Zwiebel, Gemüse, Pfeffer, Lorbeerblatt und Petersilie in den Topf geben, mit kaltem Wasser bedecken, aufkochen und zugedeckt bei mittlerer Hitze 2 bis 3 Stunden köcheln lassen.

3. Inzwischen für die Knödel den Backofen auf 80 °C vorheizen. Das Knödelbrot in einer Schüssel mit der heißen Milch übergießen. Die Zwiebel schälen und in feine Würfel schneiden. Die Petersilie waschen, trocken schütteln und fein hacken. Die Butter erhitzen und die Zwiebel darin glasig dünsten.

4. Zwiebel, Petersilie, Salz und Pfeffer zum Knödelbrot geben, alles gut durchkneten und abkühlen lassen. Den Käse reiben und mit den Eiern dazugeben. Nochmals durchkneten und kurz ruhen lassen. Aus dem Teig kleine Knödel formen, etwas flach drücken und in einer Pfanne mit Butter goldgelb backen. Im Backofen fertig backen.

5. Für die Leberspätzle die Zwiebel schälen und in feine Würfel schneiden. Die Butter erhitzen und die Zwiebel darin glasig dünsten. Die Leber waschen und trocken tupfen, klein schneiden und mit der Zwiebel mischen. Die Mischung durch den Fleischwolf drehen und mit den anderen Zutaten einen weichen Teig herstellen. 30 Minuten ruhen lassen.

6. Fleisch und Karotten aus der Brühe nehmen, die Brühe durch ein Sieb in einen anderen Topf gießen, mit Salz und Pfeffer und nach Belieben etwas Gemüsebrühe abschmecken. Das Fleisch in kleine Würfel schneiden und in die Brühe geben. Die Brühe aufkochen. Den Leberspätzleteig auf einem Spätzlehobel in die Brühe hobeln. Die Karotten in Scheiben schneiden und in die Suppe geben. Die Suppe mit Schnittlauchröllchen garnieren und die Kaspressknödel dazu servieren.

Eiweißkuchen

mit
Mandeln und Vanille

Zutaten für 1 Springform
(28 cm Durchmesser)

Für den Teig:
160 g Butter
10 Eiweiß
100 g Zucker
1 Msp. Vanillepulver
140 g gemahlene Mandeln
140 g Dinkelmehl
2 Msp. Backpulver

Außerdem:
Schokoladenglasur zum
Bestreichen
oder
150 g Puderzucker und 2 EL Rum
oder
400 g Sahne und 6 EL Eierlikör
oder
400 g Sahne und Früchte der
Saison

1. Für den Teig die Butter in einem Topf bei schwacher Hitze schmelzen lassen. Die Eiweiße mit dem Zucker und dem Vanillepulver mit den Quirlen des Handrührgeräts zu steifem Schnee schlagen. Die flüssige Butter dazugeben und unterheben.

2. Den Backofen auf 175 °C vorheizen und die Springform mit Backpapier auslegen. Die Mandeln mit dem Mehl sowie dem Backpulver mischen. Die Mandel-Mehl-Mischung vorsichtig unter den Eischnee heben. Den Teig in die vorbereitete Springform füllen und im Ofen auf der mittleren Schiene etwa 40 Minuten backen.

3. Den Kuchenboden aus dem Ofen nehmen und auskühlen lassen. Nach Belieben die Schokoglasur schmelzen und den Kuchen damit bestreichen. Oder den Puderzucker mit dem Rum und eventuell etwas Wasser zu einer glatten Glasur verrühren und den Kuchen damit bestreichen. Oder die Sahne steif schlagen und die Hälfte glatt auf dem Kuchen verstreichen und mit den Früchten garnieren.

4. Die übrige Sahne mithilfe eines Spritzbeutels zu einem schönen, dichten Rand spritzen. Die Fläche innerhalb des Sahnerands mit Eierlikör beträufeln.

Mein Tipp:
Mit diesem Kuchen verwerte ich restliche Eiweiße, die zum Beispiel bei der Herstellung von Eierlikör und von selbst gemachtem Eis übrig geblieben sind.

Wie gut, dass es Sonja Schreibers Wollstube gibt: Die aus Peru stammenden Alpakas müssen jedes Jahr geschoren werden (sie wurden schon von den Inkas zur Wollproduktion gezüchtet). Da die Tiere ihr Fell nicht selbst verlieren oder wechseln, würde Sonjas Herde unter der dicken Wolle leiden.

Sonja Schreiber

Ein Landhaus unter Palmen – umgeben von mediterranem Flair züchtet Sonja Schreiber Alpakas für die Wollproduktion.

Wie sehr sich das Bild der Landwirtschaft in den letzten 70, 80 Jahren verändert hat, kann jeder sehen, der die Website von Sonja Schreibers Hof aufruft: Auf der einen Seite steht die anrührende Schwarz-Weiß-Aufnahme der Familie von Sonja Schreibers Großeltern in Arbeitskleidung vor einem eher ärmlich wirkenden Bauernhaus, auf der anderen Seite das heute in mediterranem Terrakottarot strahlende Hauptgebäude mit dem angebauten Eventstadel & Hofcafé establo. Wer sich zum Hof im Lallinger Winkel bei Deggendorf aufmacht, fühlt sich erst recht geografisch verwirrt: Im Garten wachsen Palmen (die für frostige Winter allerdings eine eigene Heizung haben), im Obstgarten stehen Apfel- und Kirschbäume – „das Klima bei uns ist sehr mild; der Lallinger Winkel gilt als Obstschüssel des Bayerischen Waldes", klärt Sonja Schreiber auf. Und auf den Wiesen, die sich rund um den Hof die Abhänge hinaufziehen, weiden keine Kühe, Schafe oder Ziegen, sondern – Alpakas.

„Als mein Mann und ich zum ersten Mal in die Augen eines Alpakas gesehen haben, war das Liebe auf den ersten Blick", erinnert sich Sonja Schreiber lachend. Wie so oft in solchen Fällen stimmte allerdings mehr als die Chemie: Denn die zum Teil steil ansteigenden Flächen rund um den Hof müssen beweidet werden, damit der Charakter der Landschaft erhalten bleibt. Das extreme zeitliche Korsett aber, in das Landwirte beispielsweise bei der Haltung von Milchvieh oder Schafen eingebunden sind, war Sonja und Karl-Heinz Schreiber zu eng. „Man braucht zwar ein gewisses Know-how, aber wenn man sich das angeeignet hat, ist die Alpakahaltung nicht besonders zeitaufwendig. Man muss einmal am Tag einen Kontrollgang machen und die Tiere mit Futter versorgen, dazu kommen die Stall- und Weidepflege." Kein Wunder, dass der Alpakabestand rasch wuchs, nachdem 2002 die ersten beiden trächtigen Stuten auf den Hof gekommen waren. Heute betreiben die Schreibers eine Zucht mit rund 20 Tieren. Jedes Frühjahr wird geschoren; die gewonnene Wolle wandert dann zum Verkauf in die hofeigene Wollstube – mit so großem Erfolg, dass Sonja Schreiber sogar Wolle zukaufen muss, um den Bedarf zu decken. Denn die Alpakas ziehen das ganze Jahr über viele Besuche auf den Hof: Kinder und Festgesellschaften, Betriebe und Busgruppen. Alle sind willkommen. Nur vorher angemeldet sollten sie sich haben. „Besucher bringen immer Unruhe in die Herde, weil die Tiere natürlich neugierig sind und an den Zaun kommen. Zu viel Unruhe aber bekommt den Tieren nicht. Deshalb möchten wir es ein bisschen steuern, wann jemand zu den Weiden geht", erklärt Sonja Schreiber.

Die Landfrauen statteten den Alpakas selbstverständlich einen ausgiebigen Besuch ab, bevor sie beim Dinner eine weitere Facette der Familie kennenlernten: Die Schreibers lieben mediterrane Gefilde – und Campingurlaub. Die jährliche Reise in die Nähe von Venedig ist längst ein Familienritual, das die Kinder, Antonia, 16, und Tobias, 13, um keinen Preis missen möchten, obwohl sie dem Alter für Sandstrandurlaub eigentlich längst entwachsen sind. Auch sonst: Zelt muss sein. „Wenn wir doch einmal in einem Hotel landen, heißt es von den Kindern: Aber Mama, das war doch gar kein richtiger Urlaub", erzählt Sonja Schreiber lachend. Deshalb wollte sie dieses besondere Urlaubsgefühl auch beim Landfrauendinner aufkommen lassen – mit Grillgemüse aus der Paellapfanne als Vorspeise, das unter freiem Himmel zubereitet wurde. Auch beim Nachtisch schwang der Süden mit: Es gab Lavendeleis – und Apfelstrudel, als Reminiszenz an den hofeigenen Obstgarten. Da trifft Niederbayern das Mittelmeer, genau wie auf dem Hof der Schreibers.

Mein Tipp

Das Grillgemüse können Sie auch schon am Vortag zubereiten, es schmeckt dann noch aromatischer, verliert allerdings ein bisschen an Biss und Farbe. Anstelle von Crottin de Chèvre eignen sich auch Ziegencamembert oder anderer Käse, der nicht zerläuft.

Gemüse mit Ziegenkäse

und
Apfel-Balsamico-Chutney

Zutaten für 4–6 Personen

Für das Chutney:
200 g Apfelkompott mit Stücken
50 ml Aceto balsamico
3 EL brauner Zucker
1 EL Apfelessig
Salz

Für das Gemüse:
1 rote Paprikaschote
1 gelbe Paprikaschote
3 Karotten
1/2 Aubergine
1 Stange Staudensellerie
10 Champignons
6 große Knoblauchzehen
5 Zweige Rosmarin
Rapsöl zum Anbraten
1 Zitrone
Salz
Basilikum zum Garnieren

Für den Ziegenkäse:
3 Crottin de Chèvre (Ziegen-
weichkäse)
Olivenöl zum Braten

1. Für das Chutney alle Zutaten aufkochen, auf die gewünschte Konsistenz einkochen lassen und mit Essig, Zucker und Salz abschmecken. Abkühlen lassen.

2. Für das Grillgemüse die Paprikaschoten längs halbieren, entkernen, waschen und in Rauten schneiden. Die Karotten und die Aubergine putzen, waschen und in mundgerechte Stücke schneiden. Den Staudensellerie putzen, waschen und ebenfalls in Stücke schneiden. Die Champignons putzen und trocken abreiben. Den Knoblauch schälen und in kleine Würfel schneiden. Den Rosmarin waschen und trocken tupfen.

3. Eine große Paellapfanne oder eine Grillpfanne erhitzen. Das Öl und 1 Zweig Rosmarin hineingeben und die Paprikaschoten darin bei starker Hitze bissfest braten, sie dürfen ruhig etwas dunkel werden. Nach der Hälfte der Garzeit etwas Knoblauch dazugeben. Paprika herausnehmen und in eine große Schüssel geben. Die anderen Gemüse nacheinander ebenso mit je 1 Zweig Rosmarin braten und nach der Hälfte der Zeit etwas Knoblauch dazugeben. Alle fertigen Gemüse in die Schüssel geben. Die Zitrone auspressen. Das Gemüse durchmischen, mit Salz und Zitronensaft abschmecken und ziehen lassen.

4. Für den Ziegenkäse den Käse mindestens 30 Minuten vor der Zubereitung aus dem Kühlschrank nehmen. Olivenöl in einer Pfanne erhitzen und die Crottins auf beiden Seiten kurz anbraten, bis sie etwas knusprig sind. Herausnehmen, halbieren und die Schnittkanten kurz anbraten.

5. Das Grillgemüse auf Teller verteilen und die Ziegenkäsehälften daransetzen. Etwas Chutney darübergeben und das Ganze mit Basilikum garnieren.

Schweinefilet vom Grill

in Pfeffer-Senfkruste
mit Spargelragout und Spinatknödel

Zutaten für 6 Personen

Für das Filet:
2 Schweinefilets
Salz
Pfeffer aus der Mühle
1/2 Tube scharfer Senf
5 EL grüne Pfefferkörner
5 EL Rosa Pfefferbeeren

Für die Knödel:
500 g Semmeln
1/2 l heiße Milch
6 Eier
Salz
Pfeffer aus der Mühle
frisch geriebene Muskatnuss
250 g Blattspinat
Öl zum Anbraten

Für das Ragout:
2 Bund grüner Spargel
4 kleine Zwiebeln
4 EL Rapsöl
1/2 Flasche Chardonnay
1 1/2 EL gekörnte Brühe
600 g Sahne
4 EL Speisestärke
400 g Schmand

Außerdem:
Rosa Pfefferbeeren zum Garnieren

1. Für das Filet die Schweinefilets etwa 1 Stunde vor der Zubereitung aus dem Kühlschrank nehmen.

2. Inzwischen für die Knödel die Semmeln klein schneiden und in eine große Schüssel geben. Die Milch darübergießen, danach die Eier dazugeben. Die Mischung mit Salz, Pfeffer und Muskatnuss kräftig würzen und zu einem Knödelteig vermischen. Den Spinat waschen, putzen und klein schneiden, dann unter den Knödelteig kneten. Den Teig halbieren.

3. Eine Teigportion auf ein ausgebreitetes Geschirrtuch geben, zu einer Rolle formen und mit dem Geschirrtuch einrollen. Die Enden mit Küchengarn abbinden. Die Knödelrollen in einen großen Topf mit siedendem Wasser geben und bei schwacher Hitze etwa 25 Minuten gar ziehen lassen. Die Rollen herausnehmen und etwas abkühlen lassen.

4. Die Schweinefilets trocken tupfen und die Silberhaut entfernen. Mit Salz und Pfeffer würzen und rundum mit Senf einreiben. Die Pfefferkörner und -beeren im Mörser zerstoßen und auf dem Senf verteilen.

5. Den Grill vorheizen, die Filets auf den Rost legen und auf allen Seiten scharf angrillen, bis sie sich vom Rost lösen. Dann bei indirekter Hitze (etwa 150 °C) etwa 20 Minuten weitergrillen. Mit einem Fleischthermometer die Kerntemperatur prüfen, die Filets mit 62 °C vom Grill nehmen, in Alufolie wickeln und ziehen lassen, bis alles andere fertig ist.

6. Während die Filets auf dem Grill sind, für das Ragout den Spargel waschen, im unteren Drittel schälen und die holzigen Enden abschneiden. Die Stangen schräg in 3 bis 4 cm lange Stücke schneiden. Die Zwiebeln schälen und in kleine Würfel schneiden.

7. Das Öl in einem Topf erhitzen und die Zwiebeln darin glasig dünsten, den Spargel hinzufügen und kurz anbraten. Den Wein angießen und die Brühe einrühren. Den Spargel offen bissfest kochen und aus dem Sud heben. Den Sud weiter reduzieren, die Sahne einrühren. Die Speisestärke mit wenig kaltem Wasser glatt rühren und die Sauce damit andicken. Den Schmand unterrühren und den Spargel wieder dazugeben.

8. Die Knödel auspacken und in etwa 1 1/2 cm dicke Scheiben schneiden. Etwas Öl in einer Pfanne erhitzen und die Knödel darin auf beiden Seiten knusprig braten. Die gegrillten Schweinefilets in Scheiben schneiden und mit dem Spargelragout und den Knödeln anrichten. Mit Rosa Pfefferbeeren und Salz bestreuen und servieren.

Apfelstrudel

mit
Lavendeleis

Zutaten für 2 Strudel
(für 12 Personen)

Für das Eis (für 6 Personen):
5 Stiele Lavendel
200 g Sahne
300 g Naturjoghurt
200 g Speisequark
125 g Zucker
1 EL Zitronensaft
Lavendelblüten zum Garnieren

Für den Teig:
370 g Mehl
1 Ei
40 ml Rapsöl
1 EL Essig
Salz

Für die Füllung:
750 g säuerliche Äpfel
100 g Butter
150 g Zucker
1 TL Zimtpulver
200 ml Milch
200 g Schmand oder saure
Sahne
Rosinen (nach Belieben)

Außerdem:
Fett für die Form
Mehl zum Arbeiten
Puderzucker zum Bestreuen

1. Für das Eis am Vortag den Lavendel waschen, trocken tupfen und mit der Sahne in einen Topf geben. Die Sahne aufkochen, den Topf vom Herd nehmen und die Lavendelsahne zugedeckt über Nacht im Kühlschrank ziehen lassen.

2. Am nächsten Tag den Joghurt mit dem Quark, dem Zucker und dem Zitronensaft verrühren. Die Lavendelsahne durch ein Sieb gießen und unter den Joghurtquark heben. Die Masse in eine flache Schale füllen und 3 bis 4 Stunden in das Tiefkühlfach stellen. Alle 30 Minuten einmal durchrühren, damit die Eiskristalle nicht zu groß werden. Wer eine Eismaschine hat, füllt die Masse ein und bereitet das Eis so zu.

3. Für den Strudelteig alle Zutaten mit 120 g lauwarmem Wasser und 1/2 TL Salz in einer Schüssel zu einem glatten Teig verkneten. Falls er zu feucht ist, noch etwas Mehl dazugeben, falls er zu trocken ist, etwas lauwarmes Wasser hinzufügen. Den Teig mit Frischhaltefolie luftdicht abdecken und bei Zimmertemperatur 1 Stunde ruhen lassen.

4. Inzwischen für die Füllung die Äpfel vierteln, schälen und entkernen. In Stücke schneiden und in eine Schüssel geben. 80 g Butter in einem kleinen Topf zerlassen. 100 g Zucker mit dem Zimtpulver mischen und beiseitestellen. Den restlichen Zucker mit der Milch und der übrigen Butter in einem Topf erwärmen, bis die Butter geschmolzen ist und der Zucker sich aufgelöst hat.

5. Den Teig halbieren und eine Hälfte auf der bemehlten Arbeitsfläche dünn ausrollen. Auf ein Geschirrtuch legen und mit den Händen vorsichtig auseinanderziehen, bis der Teig hauchdünn ist. Den Teig mit der Hälfte der Butter und 100 g Schmand oder saurer Sahne bestreichen. Die Hälfte der Äpfel darauf verteilen. Mit der Hälfte der Zimt-Zucker-Mischung bestreuen und nach Belieben Rosinen darüber verteilen. Den Teig mithilfe des Geschirrtuchs einrollen und in eine gefettete ofenfeste Form geben. Den Backofen auf 180 °C vorheizen. Aus den übrigen Zutaten einen weiteren Strudel zubereiten und danebenlegen.

6. Die Strudel im Ofen auf der mittleren Schiene 15 Minuten backen. Mit der Zuckermilch bestreichen und etwa 20 Minuten fertig backen.

7. Strudel in Stücke schneiden, auf Teller verteilen und mit Puderzucker bestreuen. Das Eis auf kleine Schalen verteilen, mit Lavendelblüten garnieren und dazu servieren.

Banes Fischwürste

mit
Kräutern

Zutaten für 4 Personen

500 g Fischfilet nach Wahl
1 Zwiebel
4 Stiele Petersilie
1/2 Bund Schnittlauch
1 Ei
100 g mittelscharfer Senf
Saft von 1 Zitrone
Salz
1 TL Pfeffer aus der Mühle
1 EL Paprikapulver
ca. 50 g Semmelbrösel
Öl zum Frittieren

1. Das Fischfilet grob zerkleinern und durch den Fleischwolf drehen. Oder im Küchenmixer oder Thermomix® auf Stufe 6/20 Sekunden zerkleinern.

2. Die Zwiebel schälen und in sehr feine Würfel schneiden. Die Petersilie waschen und trocken schütteln. Die Blätter abzupfen und fein hacken. Den Schnittlauch waschen, trocken schütteln und in Röllchen schneiden.

3. Zwiebel, Kräuter, Ei, Senf und Zitronensaft zum Fisch geben. Mit 2 TL Salz, dem Pfeffer und dem Paprikapulver würzen. Die Semmelbrösel hinzufügen und alle Zutaten zu einem Teig verkneten. Er sollte eine ähnliche Konsistenz haben wie Fleischpflanzerlteig. Falls nötig, mehr Semmelbrösel unterarbeiten.

4. Den Fischteig zu weißwurstgroßen Würsten formen. Das Öl in der Fritteuse oder einem großen Topf erhitzen. Es ist heiß genug, wenn sich an einem hineingehaltenen Holzlöffelstiel Blasen bilden. Die Fischwürste darin portionsweise etwa 5 Minuten frittieren. Herausnehmen und auf Küchenpapier entfetten. Dazu passt Kartoffelsalat.

Mein Tipp:
Am besten erst eine Probeportion frittieren, probieren und den Fischteig gegebenenfalls nachwürzen.

Weihnachtstorte

mit
Pfirsichsahne

Zutaten für 1 Springform
(26 cm Durchmesser)

Für den Biskuit:

Fett und Mehl für die Form
5 Eier
200 g Zucker
200 g Mehl
1 1/2 TL Backpulver

Für die Füllung:

5 Blatt weiße Gelatine
1/2 l Milch
1 Päckchen Vanillepuddingpulver
75 g Zucker
abgeriebene Schale von 1 Bio-
Zitrone
5 EL Orangenlikör (z. B. Grand
Marnier)
250 g Sahne
1/2 Glas Pfirsichkonfitüre

Für den Belag:

300 g Marzipanrohmasse
3–4 EL Puderzucker
1 Päckchen Kuchenglasur
zartbitter
Belegkirschen zum Garnieren

1. Für den Biskuit den Backofen auf 180 °C Umluft vorheizen. Die Form einfetten und mit Mehl ausstäuben. Die Eier in einer Schüssel mit 4 EL kaltem Wasser und dem Zucker etwa 10 Minuten sehr schaumig rühren. Das Mehl und das Backpulver sieben und vorsichtig unter die Ei-Zucker-Masse heben.

2. Den Teig in die Form füllen und im Ofen auf der mittleren Schiene 10 bis 15 Minuten goldbraun backen. Herausnehmen, aus der Form lösen auf einem Kuchengitter auskühlen lassen.

3. Für die Füllung die Gelatine in einer kleinen Schüssel in kaltem Wasser 10 Minuten einweichen. Die Milch mit dem Puddingpulver, dem Zucker und der Zitronenschale zu einem Pudding kochen. Die Gelatineblätter mit den Händen gut ausdrücken und unter Rühren im heißen Pudding auflösen. Den Pudding unter gelegentlichem Rühren abkühlen lassen. Die Hälfte des Orangenlikörs unterrühren. Die Sahne steif schlagen und unterheben. Den übrigen Likör mit der Pfirsichkonfitüre verrühren.

4. Den Biskuit zweimal quer durchschneiden. Den unteren Boden mit der Hälfte der Konfitüre bestreichen und die Hälfte der Puddingcreme darauf verteilen. Den zweiten Boden daraufsetzen und ebenso verfahren. Mit dem dritten Boden belegen und diesen leicht andrücken.

5. Für den Belag die Marzipanrohmasse mit dem gesiebten Puderzucker verkneten und auf Tortengröße ausrollen. Auf die Torte legen. Die Kuchenglasur nach Packungsanweisung schmelzen und die Marzipanschicht damit bestreichen. Aus den Marzipanresten Sterne ausstechen und auf der Schokoladenschicht verteilen. Die Belegkirschen halbieren und auf die Sterne setzen.

Mein Tipp:

Die Torte kann sehr gut zwei bis drei Tage vor dem Fest zubereitet werden, denn durchgezogen schmeckt sie besonders lecker und saftig.

Oberbayern

Da schau her: Berge und Seen, wohin man blickt!
Für den Augenschmaus sorgt hier die Landschaft, für den
Gaumenschmaus die gute Landfrauenküche.
Und die kommt hier so herzhaft wie herzlich rüber!

Kühe auf der Weide vermutet man bei all den Wiesen in Oberbayern ganz richtig – aber auch für die Pferde kann das Leben hier beschaulich sein. Wer sich den landschaftlichen Schönheiten mit echten statt mit motorisierten Pferdestärken nähern möchte, ist hier genau am richtigen Fleck.

Das Wohl der Tiere und damit auch ihre Gesundheit liegt Cathi Lichtmannegger besonders am Herzen – mit ihrer Ausbildung zur Physiotherapeutin für Pferde und Hunde kann sie den tierischen Patienten aus erster Hand helfen. Und dafür reist sie sogar schonmal nach Österreich oder in die Schweiz!

Catharina Lichtmannegger

Im Nationalpark Berchtesgadener Land führt sie ein Leben zwischen Berg und Tal, ganz nah an der Natur.

Gamsen, Murmeltiere, Steinadler: Cathi und ihre Schwester wuchsen dort auf, wo sich die Tiere der Alpen in freier Wildbahn bewegen, auf über 1.600 Meter Höhe, in der Berghütte Schneibsteinhaus oberhalb des Königssees. Ihre Eltern betreiben die Hütte bis heute. Und bis heute ist Cathi geprägt von der Nähe zur Natur, die man hier heroben quasi frei Haus mitbekommt, und von der Freiheit, die man als Kind erlebt, wenn man nicht in der Stadt aufwächst, sondern auf einer Alm mit Blick aufs Tal, auf den Watzmann und die schroffe Bergwelt ringsherum. Schon Prinzregent Luitpold und König Max II. liebten dieses Revier.

Gänse, Enten, Hunde, Katzen, Hühner, Pferde und eine Zwergzebuherde – die kunterbunte Tiergesellschaft genießt ebenfalls ein freies Leben, das Draußensein inmitten von Feldern, den Auslauf und das Herumspringen – und nicht zuletzt den Schonraum, den Cathi und ihr Mann Seba ihnen auf ihrem Hof in Marktschellenberg im Berchtesgadener Land bieten. „Die Tiere spielen bei uns die Hauptrolle" sagt Cathi, die von klein auf eine Passion für Pferde hat und sich nach Kindheit und Jugend droben auf dem Berg zur Physiotherapeutin für Pferde und Hunde ausbilden ließ. Mit viel Fingerspitzengefühl geht sie bei dieser Arbeit vor und gewinnt dabei schnell das Vertrauen der Tiere: „Beim zweiten, dritten Mal zeigen mir die Pferde oft von selbst, wo es ihnen wehtut – das ist für mich ein ganz großes Glücksgefühl."

Sofern Platz und Zeit es erlauben, nimmt sie als engagierte Tierschützerin gern Tiere in Not auf. Ihre Legehennen zum Beispiel waren früher in Mastbetrieben eingepfercht. Heute kräht der Hahn auf dem Mist und die Hennen scharren herum, wo es ihnen gefällt – und geben dabei mehr Eier, als die Familie selbst braucht. Auch die Zebuherde wächst und gedeiht. Cathi und Seba fingen mit ein paar Kälbern, Mutterkühen, ei-

nem Ochsen und Stier an. Inzwischen kamen auf ihrem Hof schon einige Kälbchen dieser freundlichen, robusten Rinderrasse auf die Welt. Eines Tages, so der Wunschtraum der beiden, sollte der Hof autark sein und sie als Selbstversorger sollten komplett von den Erträgen der Landwirtschaft leben können. Dem Ziel sind sie nun nah – der Hof ist ein Vollerwerbsbetrieb, und neben ihrer Arbeit mit den Tieren plant Cathi in naher Zukunft die Eröffnung eines Hofladens mit Hofcafé.

»Ich habe den schönsten Arbeitsplatz der Welt. «

So geradlinig wie es ihrer Art entspricht, kocht sie auch. Wer Tiere so liebt wie sie, möchte nichts verkommen lassen; bringen zum Beispiel befreundete Jäger frisches Wildbret vorbei, verwertet Cathi selbstverständlich alle Teile des edlen Tiers. Ob Gams, Hirsch oder Reh – auch beim Zerwirken, dem fachmännischen Zerteilen des Brets, geht sie gekonnt und sensibel vor. Lokal und biologisch sind die Produkte, mit denen sie am liebsten kocht, von Käse, Eiern und Rahm bis zum Gemüse aus dem eigenen Garten und zu den Wildkräutern von den Almen ringsum. Ihre beiden Zwillingsmädchen haben Spaß daran, schon ein wenig in der Küche mitzuhelfen. Sie wachsen so ungezwungen auf wie einst Cathi und ihre Schwester: „Für mich ist es wichtig, dass die Kleinen die Natur schätzen lernen und wissen, was man alles daraus machen kann." Selbstständigkeit und Freiheit – auch für die nächste Generation.

Carpaccio

vom
Rehrücken

Zutaten für 4 Personen

200 g Rehrücken
1 TL Butter
3 EL Pinienkerne
gemischte Blattsalate
Parmesan am Stück
fruchtiges Olivenöl
Balsamico-Creme
Salz
Pfeffer aus der Mühle

1. Den Rehrücken etwa 2 Stunden in das Tiefkühlfach legen, damit er sich besser hauchdünn schneiden lässt.

2. Die Butter in einer Pfanne erhitzen und die Pinienkerne darin goldgelb anrösten. Auf einen Teller geben und abkühlen lassen.

3. Den Rehrücken aus dem Tiefkühlfach nehmen und in hauchdünne Scheiben schneiden. Auf Tellern anrichten. Die Blattsalate waschen, trocken tupfen und neben dem Fleisch verteilen. Etwas Parmesan über jede Portion hobeln, alles mit Olivenöl und etwas Balsamico-Creme beträufeln und mit Salz und Pfeffer würzen. Mit den Pinienkernen bestreuen und servieren.

Mein Tipp:
Sie können den Salat auch noch mit halbierten Cocktailtomaten und Gänseblümchen oder anderen essbaren Blüten garnieren.

Mein Tipp

Gulasch und Chutney lassen sich wunderbar ein paar Tage vorher vorbereiten. Wenn Sie kein Gamsfleisch bekommen (das gibt es nur in den Bergen), nehmen Sie am besten Kalbsrücken oder Rehrücken, den Sie beim Metzger oder Jäger vorbestellen können.

Medaillons vom Gamsrücken

und Edelgulasch vom Hirsch mit Sellerie-Kartoffel-Püree und Erdbeer-Rhabarber-Chutney

Zutaten für 4 Personen

Für das Gulasch:

5 Zwiebeln · Butterschmalz
ca. 500 g Hirschrücken (in Würfel geschnitten)
Salz · Pfeffer aus der Mühle
Paprikapulver (edelsüß)
3/4 l trockener Rotwein
3 EL Tomatenmark
2 Lorbeerblätter · 3 Wacholder-beeren · je 2 Zweige Rosmarin und Thymian · 5 Pimentkörner
1 Rippe Bitterschokolade
Sahne nach Geschmack
Pfifferlinge zum Garnieren (nach Belieben)

Für das Chutney:

1 Zwiebel · 1 Stück Ingwer
150 g Erdbeeren · 150 g Rhabar-ber · Butterschmalz · 2 EL Rot-weinessig · 80 g Zucker
Salz · Pfeffer aus der Mühle
Chiliflocken

Für das Püree:

500 g Kartoffeln · 250 g Knol-lensellerie · Salz · Pfeffer aus der Mühle · frisch geriebene Muskat-nuss · 250 g Sahne · 30 g Butter

Für die Karotten:

8 kleine Karotten · 1 Zwiebel
Butterschmalz
Salz · Pfeffer aus der Mühle

Für die Medaillons:

ca. 500 g Gamsrücken
Salz · Pfeffer aus der Mühle
Butterschmalz · je 2 Zweige Rosmarin und Thymian

1. Für das Gulasch die Zwiebeln schälen und in kleine Würfel schneiden. Das Butterschmalz in einem Topf erhitzen und die Zwiebeln darin andünsten. Das Fleisch hinzufügen und rundum kräftig hellbraun anbraten. Mit Salz, Pfeffer und Paprikapulver würzen, dann den Wein dazugeben, er sollte das Fleisch bedecken. Das Tomatenmark, die übrigen ganzen Gewürze und die Schokolade dazugeben. Das Gulasch mit geschlossenem Deckel bei sehr schwacher Hitze etwa 1 Stunde köcheln.

2. Inzwischen für das Erdbeer-Rhabarber-Chutney die Zwiebel und den Ingwer schälen und in sehr feine Würfel schneiden. Die Erdbeeren und den Rhabarber putzen, waschen und in Stücke schneiden. Das Butterschmalz in einem Topf erhitzen und die Zwiebel darin andünsten. Erdbeer- und Rhabarberstücke dazugeben, Ingwer, Essig, Zucker und die Gewürze hinzufügen und das Ganze etwa 40 Minuten einkochen lassen. Sofort in zwei vorbereitete Marmeladengläser (à ca. 250 ml Inhalt) füllen.

3. Für das Püree die Kartoffeln und den Sellerie schälen und in Stücke schneiden. In Salzwasser weich garen. Das Kochwasser abgießen und das Gemüse nach Geschmack mit Salz, Pfeffer und Muskatnuss würzen. Die Sahne und die Butter dazugeben und alles zu einem cremigen Püree stampfen. Warm halten.

4. Für die Karotten die Karotten putzen und in wenig Wasser bissfest garen. Die Zwiebel schälen und in feine Würfel schneiden. Das Butterschmalz erhitzen und die Zwiebel darin goldgelb andünsten. Die Karotten dazugeben und kurz schwenken. Mit Salz und Pfeffer würzen.

5. Kurz vor dem Servieren für die Medaillons den Gamsrücken in 4 etwa 2 cm dicke Medaillons schneiden und auf beiden Seiten mit Salz und Pfeffer würzen. Butterschmalz in einer Pfanne erhitzen und die Kräuterzweige dazugeben. Die Medaillons darin auf jeder Seite 1 bis 2 Minuten anbraten, bis sie eine appetitlich braune Färbung angenommen haben. Innen sollten sie noch rosa sein.

6. Das Gulasch mit 1 Schuss Sahne verfeinern und nach Belieben mit Pfifferlingen garnieren. Die Medaillons und das Gulasch mit dem Püree, den Karotten und dem Chutney auf Tellern anrichten und servieren.

Kaiserschmarren

mit
frischen Erdbeeren

Zutaten für 4 Personen

250 g Mehl
1/2 l Milch
Salz
5 Eier
125 g Butter
150 g Zucker
ca. 1 kg Erdbeeren

1. Mehl, Milch und 1 Prise Salz in einer Schüssel zu einem glatten Teig verrühren. So lange rühren, bis es keine Klümpchen mehr gibt. Die Eier unterheben, nicht unterrühren. Den Backofen auf 200 °C vorheizen.

2. In einer ofenfesten Pfanne (am besten aus Gusseisen) 1 großes Stück Butter erhitzen. Bevor die Butter zu dunkel wird, den Teig dazugeben und backen, dabei immer wieder die untere Seite kontrollieren, der Teig soll nicht zu dunkel werden. Wenn der Teig fast durchgebacken ist, mit zwei Pfannenhebern wenden.

3. Den Teig in 4 gleich große Stücke teilen und diese noch einmal wenden. Etwas Butter und Zucker auf jedes Stück geben. Die Pfanne in den Ofen stellen und den Teig 4 bis 5 Minuten backen, er soll richtig schön aufgehen. Unbedingt im Auge behalten! Die Pfanne herausnehmen, die Teigstücke wenden und noch einmal Butter und Zucker daraufgeben. Die Pfanne zurück in den Ofen stellen und den Teig noch ein paar Minuten backen.

4. Die Erdbeeren waschen, putzen und je nach Größe halbieren oder vierteln. Wenn der Teig schön aufgegangen ist, die Pfanne herausnehmen. Den Teig in mundgerechte Stücke teilen und mit dem übrigen Zucker bestreuen. Die restliche Butter darauf verteilen. Den Kaiserschmarren auf dem Herd karamellisieren, bis der Zucker beginnt, Fäden zu ziehen. Den Kaiserschmarren sofort auf Teller verteilen, nach Belieben mit Puderzucker bestäuben und servieren.

Lammschulter

auf
buntem Gemüse

Zutaten für 4 Personen

2 Lammschultern
Salz
Pfeffer aus der Mühle
3 Zwiebeln
3 Knoblauchzehen
5 große Kartoffeln
3 Karotten
ca. 50 ml Olivenöl
1 Stange Lauch
1 Hokkaidokürbis
2 rote Paprikaschoten
2 gelbe Paprikaschoten
3 Zweige Thymian
3 Zweige Rosmarin

1. Die Lammschultern trocken tupfen und mit Salz und Pfeffer würzen. Die Zwiebeln und den Knoblauch schälen und in feine Würfel schneiden. Die Kartoffeln schälen und ebenfalls in Würfel schneiden. Die Karotten putzen, schälen und in Würfel schneiden.

2. Den Backofen auf 180 °C Umluft vorheizen. Zwiebeln, Knoblauch, Kartoffeln und Karotten in einem Bräter verteilen und mit Olivenöl begießen. Das gewürzte Lammfleisch darauflegen.

3. Fleisch und Gemüse im Ofen auf der mittleren Schiene etwa 45 Minuten garen. Eine Tasse Wasser dazugießen und alles weitere 15 Minuten im Ofen garen.

4. Inzwischen den Lauch putzen, waschen und in Ringe schneiden. Den Kürbis waschen, vierteln und die Kerne mit einem Löffel entfernen. Den Kürbis in Würfel schneiden. Die Paprikaschoten längs halbieren, entkernen, waschen und in Stücke schneiden. Die Kräuter waschen und trocken schütteln.

5. Nach 1 Stunde Garzeit den Bräter aus dem Ofen nehmen und Lauch, Kürbis und Paprikastücke zum Fleisch geben. Die Kräuterzweige unter die Lammschultern legen. Alles weitere 30 Minuten im Ofen garen. Das Fleisch portionieren und mit dem Gemüse auf Tellern verteilen.

Hollerküchlein

mit
Zimt und Vanille

Zutaten für 4 Personen

8–12 große Holunderblüten-
dolden
250 g Mehl
1/2 l Milch
4 Eier
Salz
1 Schuss Mineralwasser
1 Msp. Zimtpulver
1 Msp. gemahlene Vanille
Butterschmalz zum Frittieren
Puderzucker zum Bestäuben

1. Die Holunderblütendolden sehr vorsichtig waschen und gut abtropfen lassen.

2. Das Mehl und die Milch verrühren, bis es keine Klümpchen mehr gibt. Die Eier, 1 Prise Salz, das Mineralwasser, Zimt und Vanille dazugeben. Alle Zutaten gut verrühren, bis ein sämiger Teig entstanden ist.

3. Das Butterschmalz in einer Pfanne erhitzen, dabei so viel Butterschmalz verwenden, dass es etwa 1 1/2 cm hoch in der Pfanne steht. Das Schmalz ist heiß genug, wenn sich an einem hineingehaltenen Holzlöffelstiel Blasen bilden. Die Holunderblütendolden an den Stielen anfassen, in den Teig tauchen und dann im Butterschmalz goldgelb frittieren.

4. Die frittierten Hollerküchlein auf Küchenpapier abtropfen lassen, mit Puderzucker bestäuben und sofort servieren.

Der Leindotter blüht gelb, die Leinpflanze hingegen blau (Bild unten) – gesund sind die Öle beider Saaten dank ihrer zahlreichen Omega-3-Fettsäuren aber gleichermaßen. Dies und viel mehr Wissenswertes erklärt Irmi Lamprecht ihren Besuchern auf den Betriebsführungen der Ölmühle.

Irmi Lamprecht

Im idyllischen Chiemgau betreibt die ehemalige Leistungssportlerin mit ihrem Mann eine Ölmühle für heimische Ölpflanzen.

Schon die letzten zehn Jahre des Lebens von Irmi Lamprecht bieten Stoff für eine satte Erzählung: 2008 kam sie mit ihrem Mann zusammen, der gerade den elterlichen Hof übernommen hatte, einen klassischen Milchviehbetrieb. „Aber", erzählt Irmi Lamprecht, „Toni hatte schon vor der Übernahme mit seinen Eltern besprochen, dass er den Hof so nicht weiterführen wollte. Er ist einfach kein klassischer Landwirt." Zu dieser Zeit kamen gerade die Biogasanlagen auf und Rapsöl wurde als Spritersatz hoch gehandelt. Hier sah Toni Lamprecht seine Zukunft, stellte den Hof auf die Produktion von Raps als Reinkraftstoff um, installierte eine Ölmühle und gab nach und nach die Kühe weg. Doch dann wendete sich das politische Blatt, die staatliche Steuerbefreiung wurde von der Biodieselproduktion abgezogen. „Wir hatten damals schon immer das Öl für den Biodiesel auch in der Küche verwendet und eigentlich gedacht: schade um das gute Öl", erinnert sich Irmi Lamprecht. „Also haben wir beschlossen, tatsächlich auf Speiseöle zu setzen. Das war 2011." Der Erfolg stellte sich praktisch sofort ein. Inzwischen hat die Ölmühle Garting zehn festangestellte Mitarbeiter, dazu noch viele gelegentliche Helfer. Auf den 21 Hektar Grund stehen Leinsaat und Leindotter, Weizen, Soja, Mais, Raps und Kleegras. „Wir bewirtschaften die Felder im weiten Fruchtwechsel, damit sich die Böden wieder erholen können und nicht ausgelaugt werden. Die Ölpflanzen sind alle in der Region verwurzelt, aber selten geworden – es ist schön, dass wir hier an einer Tradition wieder anknüpfen können. Und sie locken viele Bienen und andere Insekten an", freut sich Irmi Lamprecht.

Obwohl ihr die Entwicklung, die die Ölmühle nimmt, eine Herzensangelegenheit ist, hat sie sich inzwischen aus dem laufenden Betrieb zurückgezogen. Denn die Lamprechts haben vier Töchter im Alter von acht, sechs, vier und zwei Jahren. Und die nehmen doch ganz schön viel Zeit in Anspruch. „Das heißt aber nicht, dass ich in der Ölmühle gar nichts mache", sagt Irmi Lamprecht lachend. „Wir haben sehr viele Betriebsbesichtigungen – die sind meine Aufgabe, Kuchenbacken inklusive."

Klar, dass eine solche Betriebsführung mit anschließender Ölverkostung auch beim Besuch der Landfrauen nicht fehlen durfte. Zum Empfang allerdings ging es vorher an den Badeweiher etwas abseits vom Hof. „Wir liegen auf dem höchsten Punkt im Voralpenland. Entsprechend schön ist der Blick, den wir haben, sowohl vom Hof aus wie auch vom Badeweiher. Dort sind wir mit der Familie oft, wenn wir ausspannen oder auch einfach nur den Sonnenuntergang genießen wollen."

Den gab es auch beim Landfrauendinner satt, das allerdings nicht am Badetümpel serviert wurde, sondern mitten auf einer Wiese vor dem Hof. Aufgetischt wurden Gerichte, die die hauseigenen Öle, aber auch viele alte Kulturpflanzen aus der Region einbanden. „Pflanzen wie Einkorn, Emmer oder Urdinkel sind großenteils vergessen – dabei schmecken sie gut und sind sehr gesund." Womit ein Stichwort fällt für die Jugendjahre von Irmi Lamprecht. Sie wuchs zwar nur fünf Kilometer entfernt vom Hof ihres heutigen Mannes auf; zwischen 16 und 20 allerdings lebte sie in Bielefeld – weil sie Trampolinspringen als Leistungssport betrieb. Es folgten ein Sportstudium in München und die anschließende Spezialisierung auf Kurse zur Gesundheitsförderung. „Aber der Kreis schließt sich: Auch bei den Ölen mit ihren mehrfach ungesättigten Fettsäuren spielt der Gesundheitsaspekt eine große Rolle." Und neben dem Wohnhaus steht ein ehemaliges Wettkampftrampolin, auf dem die Töchter von Irmi Lamprecht heute genauso begeistert hüpfen wie bisweilen die Mama.

Emmer, Einkorn und Urdinkel
geben den Pflanzerl Biss – und
gesund sind sie auch!

Bunter Salat

mit
bayerischem Getreidepflanzerl

Zutaten für 4–6 Personen

Für die Pflanzerl:
150 g Urgetreidemix (Emmer, Einkorn und Urdinkel)
300 ml Gemüsebrühe
2 Zwiebeln
2 Karotten
4 EL Knoblauch-Ingwer-Öl
1 TL Chiliöl
1 EL Sojasauce
1 EL Senfmehl
2 EL Dinkelmehl
1 Ei
Salz
Currypulver und Paprikapulver (nach Belieben)
Rapsöl zum Braten

Für den Salat:
2 Handvoll gemischte Salate (z. B. Blattsalat, Feldsalat, Rucola, Pflücksalat, Löwenzahn)
4 kleine Tomaten
1 Salatgurke
je 1 grüne und gelbe Paprikaschote

Für die Vinaigrette:
3 EL Apfel-Balsamico (oder Aceto balsamico)
6 EL Walnussöl
1 TL mittelscharfer Senf
Schnittlauchröllchen
Salz

Außerdem:
Kresse zum Garnieren

1. Für die Pflanzerl den Urgetreidemix mit der Brühe aufkochen und bei schwacher Hitze mit geschlossenem Deckel etwa 20 Minuten köcheln. Dann 10 bis 20 Minuten ausquellen lassen.

2. Inzwischen die Zwiebeln schälen und in feine Würfel schneiden. Die Karotten putzen, schälen und fein raspeln. Beide Würz-Öle in einer Pfanne erhitzen, Zwiebelwürfel und die Karottenraspel darin etwa 10 Minuten anrösten. Mit der Sojasauce würzen. Die Zwiebeln und Karotten mit dem Getreide mischen, beide Mehle, das Ei, etwas Salz und nach Belieben Currypulver und Paprikapulver unterrühren.

3. Das Rapsöl in einer großen Pfanne erhitzen. Aus der Getreide-Gemüse-Mischung Pflanzerl formen und darin auf beiden Seiten braun braten.

4. Für den Salat die Blätter verlesen, waschen, trocken schleudern und klein zupfen. Die Tomaten waschen und vierteln oder achteln, dabei die Stielansätze entfernen. Die Gurke waschen, nach Belieben schälen und in dünne Scheiben schneiden. Die Paprikaschoten längs halbieren, entkernen, waschen und in feine Streifen schneiden. Alle Salatzutaten in einer Schüssel mischen.

5. Für die Vinaigrette alle Zutaten sowie 1 Prise Salz mit dem Schneebesen verrühren und kurz ziehen lassen. Die Vinaigrette über den Salat geben und vorsichtig damit vermischen. Den Salat auf Teller verteilen und die warmen Pflanzerl darauf anrichten. Mit Kresse garnieren und servieren.

Straußenfilet

mit Rosmarinkartoffeln, Zucchinischeiben und dreierlei Dips

Zutaten für 4–6 Personen

Für das Filet:

800 g Straußenfilet
5 EL mediterranes Kräuteröl (ersatzweise kaltgepresstes Rapsöl)
1 Zweig Rosmarin
Öl · Salz · Pfeffer aus der Mühle

Für die Kartoffeln:

500 g kleine Frühkartoffeln · Salz
5 EL mediterranes Kräuteröl (ersatzweise kaltgepresstes Rapsöl)
einige Zweige Rosmarin

Für die Butter:

25 g Hanfsamen
100 g Butter (zimmerwarm)
Salz

Für den Quark:

200 g Speisequark
2 EL Leinöl · 1 TL Essig
gehackte Kräuter (z. B. Schnittlauch, Dill, Basilikum) · Salz
Pfeffer aus der Mühle oder Paprikapulver (nach Belieben)

Für die Mayonnaise:

2 Knoblauchzehen
1 Ei · 1 TL Zitronensaft
1 TL Ahornsirup (oder Zucker)
2 EL Apfel-Balsamico (oder anderer milder Essig)
2 TL Senf · Salz
1/4 l Distelöl (ersatzweise anderes kaltgepresstes Öl)

Für die Zucchini:

1 Zucchini · 4 EL Senföl (ersatzweise kaltgepresstes Rapsöl)
Salz

1. Am Vortag für das Filet das Straußenfleisch mit dem Kräuteröl bestreichen und das Öl gut einmassieren. Mit dem Rosmarin in eine gut verschließbare Dose geben und über Nacht im Kühlschrank marinieren.

2. Am nächsten Tag den Backofen auf 80 °C vorheizen. Etwas Öl in einer Pfanne erhitzen und das Fleisch darin bei starker Hitze höchstens 30 Sekunden auf jeder Seite anbraten. Ein Backblech auf die unterste Schiene schieben und das Fleisch auf dem Gitter auf der mittleren Schiene 10 bis 12 Stunden garen, bis eine Kerntemperatur von 53°C erreicht ist (mit dem Fleischthermometer prüfen).

3. Für die Kartoffeln die Kartoffeln mit der Schale gründlich abbürsten und in Salzwasser etwa 25 Minuten garen. Abgießen, ausdampfen lassen und in einer Pfanne goldbraun braten. Kräuteröl und Rosmarin hinzufügen und ein paar Minuten mit anrösten. Die Kartoffeln mit Salz würzen.

4. Für die Butter die Hanfsamen in einer Pfanne ohne Fett rösten, bis einige anfangen zu springen. Abkühlen lassen und mit der Butter und 1 Prise Salz verrühren.

5. Für den Quark den Quark mit Öl und Essig gut verrühren. Die gehackten Kräuter und 1 Prise Salz unterrühren. Den Quark nach Belieben mit Pfeffer oder Paprikapulver würzen.

6. Für die Mayonnaise den Knoblauch schälen, fein hacken und mit allen anderen Zutaten außer dem Öl glatt rühren. Das Öl ganz langsam einfließen lassen und mit dem Handrührgerät untermixen, bis die Mayonnaise fest ist.

7. Die Zucchini waschen, putzen und in 1 cm dicke Scheiben schneiden. Das Öl in einer Pfanne stark erhitzen. Die Zucchinischeiben darin portionsweise 1 bis 2 Minuten scharf anbraten. Herausnehmen, überschüssiges Öl abtupfen und die Zucchini salzen. Das Filet in Scheiben schneiden und mit Kartoffeln, Zucchini, Dip und Hanfbutter servieren.

Mein Tipp:

Ihr Ofen hat eine Combigar-Funktion? Dann können Sie das Fleisch bei Ober-/Unterhitze mit einer Feuchtigkeit von 65 % bei 80°C schneller zubereiten: Das Backblech auf unterster Schiene und das Gitter mit dem Fleisch auf mittlerer Schiene in den Ofen geben und das Fleisch darauf nach dem Anbraten mindestens 2 1/2 Stunden garen.

Was steckt in der Knusper-schicht? Lassen Sie Ihre Gäste raten!

Mein Tipp

Auch eine Kirschgrütze passt hierzu gut: 600 g Kirschen (frisch, TK oder aus dem Glas) mit 1 1/2 EL Zucker aufkochen. 3 EL Speisestärke mit etwas Wasser verrühren und dazugeben. Etwa 2 Minuten einkochen lassen und mit 1 Stamperl Obstbrand verfeinern.

Knusper-Parfait

mit Fruchtsauce
und Traubenkernöl

Zutaten für 4–6 Personen

Für die Kekse:
100 ml Kokosöl
100 g Zucker
2 EL Zuckerrübensirup
1 Ei
Salz
je 2 EL Leinsamen, Sesamsamen,
Hanfsamen und Kürbiskerne
100 g Mehl
50 g Traubenkernmehl (ersatzweise Mehl)
100 g Haferflocken
1 TL Natron
1 TL Backpulver

Für die Eismasse:
1/4 l Milch
250 g Sahne
1 Vanilleschote
6 Eigelbe
125 g Zucker

Für die Sauce:
100 g Beeren (z. B. Erdbeeren,
Himbeeren, Heidelbeeren)
Ahornsirup

Außerdem:
4–6 EL Traubenkernöl oder Trau-
benkern-, Kürbiskern-, und Hasel-
nussöl zu gleichen Teilen
Erdbeeren (nach Belieben)

1. Für die Kekse das Kokosöl mit Zucker, Zuckerrübensirup, Ei und 1 Prise Salz cremig rühren. Die Samen und die Kerne in einer Pfanne ohne Fett anrösten, bis sie anfangen zu springen.

2. Beide Mehle in eine Schüssel sieben. Haferflocken, Natron und Back-pulver mit den gerösteten Saaten vermischen. Die Mehlmischung zur Zucker-Öl-Mischung geben und das Ganze zu einem glatten Teig ver-rühren.

3. Den Backofen auf 160 °C Umluft vorheizen und ein Backblech mit Backpapier belegen. Aus dem Teig etwa 2 cm große Kugeln formen und mit mindestens 4 cm Abstand aufs Blech legen, weil sie beim Backen flacher und größer werden. Die Kekse auf der mittleren Schiene etwa 12 Minuten backen. Herausnehmen, abkühlen lassen und in kleine Stü-cke brechen.

4. Für die Eismasse Milch und Sahne in einen Topf geben. Die Vanille-schote aufschneiden und hinzufügen. Die Mischung aufkochen, vom Herd nehmen und etwa 10 Minuten abkühlen lassen. Inzwischen die Eier trennen und die Eigelbe mit dem Zucker schlagen, bis eine gebun-dene Masse entsteht.

5. Eine kleine Kastenform mit Frischhaltefolie auslegen. Die Vanille-schote aus der Milch nehmen, das Mark herauskratzen und in die Milch geben. Die warme Milch unter ständigem Rühren in die Eigelbmasse einarbeiten. Die Mischung in einer Metallschüssel über dem heißen Wasserbad aufschlagen, bis sie dickcremig vom Löffel fällt. Die Creme abkühlen lassen. Abwechselnd mit etwa zwei Dritteln der Kekse in die Form füllen und das Parfait im Tiefkühlfach mindestens 6 Stunden fest werden lassen.

6. Für die Beerensauce die Beeren verlesen, waschen, trocken tupfen und mit etwas Ahornsirup mit dem Stabmixer pürieren.

7. Das Parfait in Scheiben schneiden und auf einer Platte anrichten. Mit der Beerensauce und je etwa 1 EL Traubenkernöl oder anderen Ölen beträufeln, nach Belieben mit Erdbeeren und übrigen Keksen servieren.

Ofenkartoffeln

mit
buntem Gemüse

Zutaten für 4 Personen

1 kg Kartoffeln
4 Gelbe Rüben oder Karotten
1 Brokkoli
2 Zwiebeln
2 Paprikaschoten
5 EL Rapsöl oder Kräuteröl
Salz
1 EL getrockneter Thymian
1 EL getrockneter Oregano
50 g Sahne

1. Den Backofen auf 220°C vorheizen.

2. Die Kartoffeln schälen, waschen und in Scheiben schneiden. Die Gelben Rüben oder Karotten putzen, waschen und ebenfalls in Scheiben schneiden. Den Brokkoli putzen, waschen und in Röschen teilen, den Stiel in Scheiben schneiden. Die Zwiebeln schälen und in Ringe schneiden. Die Paprikaschoten längs halbieren, entkernen, waschen und in Streifen schneiden.

3. Die Kartoffeln und alle Gemüse in eine Schüssel geben, das Öl hinzufügen und gut miteinander mischen. Mit Salz und den Kräutern würzen, auf einem Backblech verteilen und im Ofen auf der mittleren Schiene etwa 40 Minuten backen.

4. Das Blech herausnehmen, die Kartoffeln und das Gemüse auf Teller verteilen. Jede Portion mit etwas Sahne beträufeln und servieren.

Mein Tipp:
Natürlich gelingt das Rezept auch mit anderen Gemüsesorten, am besten nehmen Sie, was gerade Saison hat.

Knuspriges Dinkelbrot

mit
Kräutern

Zutaten für 1 Brot

1 Würfel Hefe (42 g)
500 g Dinkelmehl
1 TL Zucker
Salz
6 EL Rapsöl
1 EL grobkörniges Salz
1 TL getrockneter Thymian
1 TL getrockneter Rosmarin

1. Die Hefe zerbröckeln und in eine Schüssel geben. 1/4 l Wasser lauwarmes Wasser bereitstellen. Die Hefe mit 3 EL Mehl, etwas lauwarmem Wasser und dem Zucker gut verrühren und die Mischung an einem warmen Ort 15 Minuten ruhen lassen.

2. Das restliche Mehl, das übrige Wasser sowie 1 TL Salz dazugeben. Alle Zutaten mischen und kräftig zu einem glatten Teig verkneten. Die Schüssel mit einem Geschirrtuch abdecken und den Teig an einem warmen Ort etwa 1 Stunde gehen lassen.

3. Den Backofen auf 175 °C Umluft vorheizen. Das Öl mit dem grobkörnigen Salz und den Kräutern vermischen und 2 EL von der Mischung auf ein Backblech streichen. Den aufgegangenen Teig zu einem länglichen Brotlaib formen und auf das eingeölte Backblech setzen. Mit der übrigen Ölmischung bestreichen.

4. Das Brot im Ofen auf der mittleren Schiene etwa 45 Minuten backen. Um zu testen, ob es durch ist, auf die Unterseite klopfen. Wenn es sich hohl anhört, ist das Brot fertig. Herausnehmen, auf einem Kuchengitter abkühlen lassen und in Scheiben schneiden.

Schwaben

Ein Land, wo Milch und Honig fließen: Wenn auf den Allgäuer Almen die Kräuter sprießen, schmeckt das Bienen wie Kühen. In den Tälern locken derweil die Seen – und sehenswerte Städte mit Geschichte.

Schwaben ist eine Kultur-
landschaft, die keine Grenzen
kennt: Man schmeckt hier die
Schweiz im Alpkäse, das öster-
reichische Vorarlberg in den
deftigen Alpengerichten – und
die feine städtische Küche in
den Kreationen der Landfrauen,
die auch Einflüsse aus Frank-
reich und Italien aufnehmen.

Der Moirhof im Landkreis Augsburg ist seit über 35 Jahren ein Biobetrieb. Katharina und ihr Mann Herbert produzieren unter anderem Kartoffeln, Getreide und das Heu für ihre traditionellen Rinderrassen. Neben Pustertaler Sprinzen halten sie auch Schwäbisch-Hällische Schweine.

Katharina Mayer

„Kopf hoch, lächeln und durch!" Nach diesem Motto meistert die studierte Tierärztin auf ihrem Biohof die vielseitigsten Aufgaben.

Hin und her, vor und zurück: Mit sanftem Druck und viel Gefühl rollt und knetet Katharina die geschmeidigen Brotteigkugeln, bis sie so glänzend und elastisch sind, dass sie erst noch einmal aufgehen und anschließend in den Ofen geschoben werden können. Mehrmals die Woche steht Katharina noch früher auf als sonst, um in ihrer Backstube Bauernbrot und Brezen für den hofeigenen Bioladen zu backen. Bestens kann sie sich noch an den Moment erinnern, als sie fürs Backen Feuer fing: „Es muss in der dritten Klasse gewesen sein, ich war ein Kommunionkind", erzählt sie. „Damals machten wir einen Ausflug in eine Bäckerei. Dort hat es so gut geduftet! Das Gefühl, mit meinen Händen etwas Gutes zu schaffen, hat sich tief in mir festgesetzt."

> »Gutes Fleisch hat seinen Preis. Unsere Kunden unterstützen das. «

Alle Hände voll zu tun – das hat Katharina Tag für Tag, seit sie vor zwölf Jahren auf den Biohof ihres Mannes Herbert kam. Das Zupackende entspricht ihren vielseitigen Talenten und ihrem tatkräftigen Temperament. „Katharina ist ein Treibauf", sagt Herbert über seine Frau und meint das voller Anerkennung und Respekt. Seit neun Jahren sind die beiden verheiratet, begegnen sich dabei auf Augenhöhe und können sich unbedingt aufeinander verlassen. Herberts Eltern hatten den Vollerwerbsbetrieb bereits 1983 auf Biolandwirtschaft umgestellt. Ein geschlossener wirtschaftlicher Kreislauf ist bis heute die Arbeitsphilosophie der Familie. Die Mayers halten Schafe, Schweine, Rinder und Geflügel als Nutztiere, bauen das Futter an und betreiben am Hof eine eigene Bäckerei, einen Hofla-

den – und mit Herbert als gelerntem Metzgermeister auch eine Hofmetzgerei.

Nutztiere wertzuschätzen und sie artgerecht zu halten, ist für Katharina eine Herzenssache. Sie hat das Studium der Tiermedizin abgeschlossen, parallel dazu die Ausbildung zur Hauswirtschafterin gemacht und sich zusätzlich als Erlebnisbäuerin qualifiziert. Die rund 80 Ochsen, Muttertiere und Kälber auf dem Hof sind zum Teil alte, traditionelle Rassen. Sie werden möglichst stressfrei geschlachtet und in der Hofmetzgerei komplett veredelt, vom Suppenfleisch bis zu Bio-Würsten. „Herbert und ich entwickeln uns ständig weiter", erzählt Katharina. „Und was wir an neuen Idee austüfteln, setzen wir kurze Zeit später auf dem Hof um." Zum Beispiel die Weidehähnchen: „Das war eines meiner radikaleren Projekte", meint sie. Küken in Freiheit auf der Weide großzuziehen – und dafür den Preis zu verlangen, den die artgerechte Aufzucht mit sich bringt, egal, was es kostet. Die Kunden unterstützten sie dabei, zogen von Anfang an mit: „Das hat richtig gut eingeschlagen", resümiert sie.

Auch in der Küche probiert sie gern „wilde Sachen" aus, wie sie sagt. Karamellisiert zum Beispiel Radieschen oder entwickelt eine neue Rezeptur für Getreidekrokant. Die hauswirtschaftliche Ausbildung spürt man mit jedem ihrer Handgriffe. Traditionelle Kochtechniken beherrscht sie aus dem Effeff, routiniert hantiert sie mit Kupferkessel und französischem Rollholz. Dass Kochen im wahrsten Sinne beglückende Handarbeit ist, vermittelt sie auch Schulklassen und Kindergärten. Dabei dürfen die Kleinen auf Katharinas Erlebnishof selbst Brot backen und mit allen Sinnen erleben, wie viel Freude es macht, wenn aus geschmeidigem Teig köstlich duftende Kunstwerke entstehen.

Ist tatsächlich etwas übrig geblieben?
In einer Semmel schmeckt der Tafelspitz hervorragend!

Marinierter Tafelspitz

mit
karamellisierten Radieschen

Zutaten für 4 Personen

Für den Tafelspitz:
200 g Wurzelgemüse (Karotten,
Zwiebel, Petersilienwurzeln)
600 g Tafelspitz
Salz
1 Lorbeerblatt
5 Pfefferkörner
2 Karotten
2 Frühlingszwiebeln
Kürbiskernöl
geröstete Kürbiskerne

Für die Marinade:
200 ml Aceto balsamico
3 EL Agavendicksaft
1 TL mittelscharfer Senf
Salz
Pfeffer aus der Mühle

Für die Radieschen:
1 Bund Radieschen
1 EL Zucker
Rosa Pfefferbeeren
Meersalzflocken

Außerdem:
1/2 Dinkelbaguette
Olivenöl
4 Wachteleier
ein paar zarte Salatblätter

1. Am Vortag für den Tafelspitz das Wurzelgemüse putzen, waschen bzw. schälen und in Würfel schneiden. Mit dem Tafelspitz in einen Topf geben, Salz, Lorbeerblatt und Pfefferkörner dazugeben. Das Ganze mit Wasser bedecken, aufkochen und bei mittlerer Hitze mit geschlossenem Deckel etwa 1 1/4 Stunden garen. Inzwischen die Karotten putzen, schälen und fein raspeln. Die Frühlingszwiebeln putzen, waschen und in Ringe schneiden.

2. Für die Marinade Essig, Agavendicksaft, Senf, Salz, Pfeffer und 200 ml Wasser vermischen. Die Marinade sollte sehr intensiv salzig und sauer sein, weil der Tafelspitz viel Aroma „zieht".

3. Den gegarten Tafelspitz aus dem Sud nehmen und abkühlen lassen. In feine Scheiben schneiden, in eine Schüssel legen und mit der Marinade bedecken. Mit den geraspelten Karotten und den Frühlingszwiebelringen bedecken und zugedeckt an einem kühlen Ort mindestens 12 Stunden ziehen lassen.

4. Am nächsten Tag für die Radieschen die Radieschen putzen, waschen und trocken tupfen. Den Zucker in einer großen Pfanne karamellisieren, die Radieschen dazugeben und schwenken, bis sich der Zucker aufgelöst hat. Die Radieschen sollten bissfest sein. Die Rosa Pfefferbeeren im Mörser grob zerdrücken. Die Radieschen mit Meersalzflocken und Rosa Pfefferbeeren würzen.

5. Den Backofen auf 175 °C vorheizen. Das Baguette in Scheiben schneiden und diese halbieren. Auf einem mit Backpapier belegten Blech verteilen, mit etwas Olivenöl beträufeln und im Ofen goldbraun rösten. Die Wachteleier etwa 2 Minuten wachsweich kochen.

6. Den Tafelspitz aus der Marinade nehmen und auf Teller verteilen. Mit Kürbiskernöl beträufeln und mit gerösteten Kürbiskernen bestreuen. Die Salatblätter, die Radieschen und je 1 Wachtelei sowie das geröstete Brot daneben anrichten.

Nudeln selbst zu machen, ist nicht jedermanns
Sache – auch fertige Pasta schmeckt
gut und verkürzt die Zubereitungszeit.

Teres Major

sous-vide-gegart
mit Pappardelle in Salbeibutter

Zutaten für 4 Personen

Für das Teres Major:
2 Stücke Teres Major (Teil der Rinderschulter, à ca. 400 g)
3–4 Zweige Rosmarin
3–4 Zweige Thymian
2 Lorbeerblätter
1/2 TL Pfefferkörner
Meersalzflocken

Für die Reduktion:
ca. 500 g Fleischabschnitte vom Rind
500 g Wurzelgemüse (Karotten, Zwiebel, Petersilienwurzeln)
2 TL Tomatenmark
1 Lorbeerblatt
1/2 l Rotwein (z.B. Dornfelder)
1 l Wasser oder Brühe
Salz
2 EL Preiselbeeren
1 EL Speisestärke

Für die Pappardelle:
200 g Hartweizenmehl
300 g Dinkelmehl Type 630
5 Eier
1 Eigelb
1 EL Olivenöl
Salz
100 g Butter
1 Handvoll Salbeiblätter
Pfeffer aus der Mühle

Für das Gemüse:
1 kleiner Brokkoli
3 Karotten
200 g Zuckerschoten
Salz
40 g Butter zum Schwenken

1. Für das Teres Major das Fleisch parieren, mit Rosmarin, Thymian, Lorbeerblättern und Pfefferkörnern vakuumieren. Im Sous-vide-Gerät bei 54 °C etwa 7 Stunden garen.

2. Während das Fleisch gart, für die Reduktion die Fleischabschnitte in einer großen Pfanne portionsweise kräftig anrösten und wieder herausnehmen. Das Wurzelgemüse putzen, waschen bzw. schälen und in Würfel schneiden. Die Gemüsewürfel in der Pfanne andünsten, das Tomatenmark und das Lorbeerblatt dazugeben und kurz anrösten. Mit etwas Wein ablöschen.

3. Die Fleischabschnitte wieder hinzufügen und alles reduzieren lassen. Diesen Schritt noch zweimal wiederholen, also wieder Wein dazugießen und das Ganze einkochen lassen, bis die Flüssigkeit nahezu verkocht ist und sich Röstaromen bilden. Mit 1 l Wasser oder Brühe aufgießen, den Fond gut salzen und etwa 3 Stunden mit geschlossenem Deckel kochen lassen. Abschließend durch ein Sieb gießen, mit den Preiselbeeren und Salz abschmecken und mit der Speisestärke binden.

4. Für die Pappardelle in Salbeibutter beide Mehle, Eier, Eigelb, Olivenöl und Salz in einer Schüssel zu einem glatten Teig vermischen. Den Teig etwa 10 Minuten kneten. Mit einer Nudelmaschine dünne Platten ausrollen und diese in sehr breite Bandnudeln schneiden. In reichlich Salzwasser etwa 2 Minuten bissfest kochen. Die Nudeln sind fertig, wenn sie oben schwimmen. Abgießen und kalt abschrecken.

5. Die Butter in einer Pfanne erhitzen und die Salbeiblätter dazugeben. Etwa 10 Minuten bei schwacher Hitze in der Butter ziehen lassen. Die Nudeln in der Salbeibutter schwenken und mit Salz und Pfeffer würzen.

6. Für das Gemüse die Gemüse putzen und waschen, den Brokkoli in Röschen teilen, die Karotten in Stücke schneiden und die Zuckerschoten ganz lassen. Die Gemüse jeweils getrennt in kochendem Salzwasser einige Minuten bissfest garen. Abgießen, in Eiswasser abschrecken und abtropfen lassen.

7. Das Teres Major aus dem Vakuumbeutel nehmen, die Gewürze abwaschen und das Fleisch trocken tupfen. Das Fleisch in einer großen Pfanne auf allen Seiten anbraten. Die Butter in einem Topf erhitzen und das Gemüse kurz darin schwenken. Das Fleisch in Scheiben schneiden, auf Teller verteilen und mit Salzflocken bestreuen. Die Pappardelle und das Gemüse daneben anrichten. Die Sauce dazu servieren.

Ein altbekanntes und allseits beliebtes Dessert bekommt dank Dinkel und Karamell noch mal richtig Biss!

Grießflammeri

mit
Körnerkrokant

Zutaten für 4 Personen

Für den Flammeri:
1 Vanilleschote
1/4 l Milch
40 g Dinkelgrieß
60 g Zucker
3 Blatt Gelatine
3 Eier
200 g Sahne

Für den Beerenspiegel:
200 g gemischte Beeren
3 EL Zucker
4 cl Orangenlikör (z. B. Grand Marnier)

Für den Krokant:
150 g Dinkelkörner
250 g Sahne
125 g Zucker
150 g Honig
125 g Butter

Für die Vanillesauce:
1/2 l Milch
50 g Zucker
1 Msp. Vanillemark
1 Eigelb
ca. 15 g Speisestärke

Außerdem:
Beeren zum Garnieren

1. Für den Flammeri die Vanilleschote längs aufschneiden und das Mark herauskratzen. Die Milch mit Vanillemark, Dinkelgrieß und Zucker zu einem Grießbrei kochen. Die Gelatine in einer kleinen Schüssel in kaltem Wasser 10 Minuten einweichen.

2. Die Eier schaumig rühren und die Sahne steif schlagen. Die Gelatineblätter mit den Händen gut ausdrücken und in den heißen Grießbrei geben. Unter Rühren darin auflösen. Die Eiermischung unter den Grießbrei rühren, dann die Sahne unterheben. Vier Puddingformen oder breite Gläser mit kaltem Wasser ausspülen. Den Grießbrei auf die Formen verteilen und kühl stellen.

3. Für den Beerenspiegel die Beeren verlesen, waschen und trocken tupfen. Den Zucker in einem Topf karamellisieren und mit dem Orangenlikör ablöschen. Die Beeren unterrühren, die Mischung kurz aufkochen und durch ein Sieb passieren.

4. Für den Krokant die Dinkelkörner grob quetschen. Sahne, Zucker, Honig und Butter vermischen und in einer Pfanne oder einem Kupferkessel so lange köcheln lassen, bis eine homogene, karamellfarbene glänzende Masse entstanden ist. Die Dinkelkörner unterrühren, die Masse auf ein mit Backpapier belegtes Blech gießen und mit dem Nudelholz zügig plattieren. Abkühlen lassen und in Stücke brechen.

5. Für die Vanillesauce 400 ml Milch mit Zucker und Vanillemark in einem kleinen Topf unter Rühren aufkochen. Das Eigelb mit der übrigen Milch und der Speisestärke verrühren und in die Vanillemilch rühren. Die Mischung aufkochen und ständig rühren, damit keine Klümpchen entstehen.

6. Zum Anrichten die Grießflammeris kurz in heißes Wasser tauchen, auf Dessertteller stürzen und mit Krokantstückchen garnieren. Den Beerenspiegel daneben verteilen und mit etwas Vanillesauce dekorativ marmorieren. Das Dessert mit frischen Beeren garnieren.

Pulled Pork

mit
Burgerbuns und Rotkohlsalat

Zutaten für 4 Personen

Für die Buns:
1 kg Weizenmehl (Type 550)
Salz
30 g Zucker
1/2 Würfel Hefe (21 g)
580 ml kalte Milch
60 g Honig
85 ml Öl
Ei-Milch-Mischung zum
Bestreichen
Sesamsamen zum Bestreuen

Für das Pork:
2 große Zwiebeln
1 Knoblauchzehe
Öl
1 1/2 kg Schweinefleisch (Hals,
Schulter oder Hüfte)
1/2 l Apfelsaft
Salz
Pfeffer aus der Mühle
3 EL Barbecuesauce
(Fertigprodukt)

Für den Salat:
1 kleiner Kopf Rotkohl
Salz
Pfeffer aus der Mühle
Zucker
1 Stück Ingwer
1 Knoblauchzehe
2 EL Sojasauce
3 EL Apfelessig
6 EL Öl

1. Für die Buns das Mehl mit 20 g Salz, Zucker, zerbröckelter Hefe und allen anderen Zutaten in der Küchenmaschine etwa 10 Minuten zu einem weichen Teig kneten. Der Teig darf nicht wärmer als 25 °C werden.

2. Den Teig etwa 20 Minuten gehen lassen. Teiglinge von je etwa 80 g abstechen und zu runden Buns formen. Ein Backblech mit Backpapier belegen und die Teiglinge mit Abstand zueinander darauf verteilen. Mit der Hand etwas flacher drücken und zugedeckt an einem warmen Ort etwa 1 1/2 Stunden gehen lassen.

3. Den Backofen auf 230 °C vorheizen und eine ofenfeste Form mit Wasser auf den Boden des Ofens stellen. Die Buns mit Ei-Milch-Mischung bestreichen und mit Sesam bestreuen, dann im Ofen auf der mittleren Schiene etwa 15 Minuten backen.

4. Für das Pork Zwiebeln und Knoblauch schälen und in Scheiben schneiden. Öl in einem Bräter erhitzen und Fleisch darin rundum anbraten. Herausnehmen. Zwiebeln und Knoblauch im Bratfett goldgelb andünsten. Mit Apfelsaft und 300 ml Wasser aufgießen, mit Salz und Pfeffer würzen. Den Backofen auf 130 °C vorheizen. Das Fleisch rundum mit der Barbecuesauce einreiben, die Sauce mit den Händen leicht einmassieren. Zum Gemüse in den Bräter geben.

5. Das Fleisch im Ofen mit geschlossenem Deckel auf der mittleren Schiene 3 bis 4 Stunden garen. Sollte das Fleisch nach dieser Zeit noch nicht zerfallen, noch etwas Zeit dazugeben. Während der Garzeit regelmäßig nachsehen, ob genug Bratsatz im Bräter ist (es sollte mindestens 2 cm hoch Flüssigkeit im Bräter stehen). Bei Bedarf etwas Wasser dazugeben.

6. Inzwischen für den Salat vom Rotkohl die äußeren Blätter entfernen, den Kohl vierteln und den harten Strunk entfernen. Kohl fein raspeln und mit Salz, Pfeffer und Zucker würzen. Ingwer und Knoblauch schälen und fein reiben. Zum Kohl geben. Sojasauce und Essig hinzufügen und den Kohl mit den Händen kneten, bis er weicher ist. Beiseitestellen.

7. Wenn das Fleisch so zart ist, dass man es mühelos mit zwei Gabeln in Stücke zupfen kann, ist es fertig. Das Fleisch in Stücke zupfen und gut mit dem Bratfond mischen. Bei Bedarf mit Salz, Pfeffer und Barbecuesauce abschmecken. Den Rotkohlsalat ebenfalls mit Salz und Pfeffer abschmecken, mit dem Öl mischen. Das Pulled Pork in die Buns füllen und mit Salat servieren.

Panna cotta

mit
Buttermilch

Zutaten für 4 Personen

6 Blatt Gelatine
500 g Sahne
50 g Zucker
1 Vanilleschote
300 g kalte Buttermilch

1. Die Gelatine in einer kleinen Schüssel in kaltem Wasser 10 Minuten einweichen. Die Sahne und den Zucker in einen Topf geben. Die Vanilleschote aufschneiden und das Mark herauskratzen. Die Schote und das Mark in die Sahne geben, diese aufkochen und kurz köcheln lassen. Die Vanilleschote herausnehmen.

2. Die Gelatineblätter mit den Händen gut ausdrücken und in die heiße Sahne geben. Unter Rühren darin auflösen. Die Mischung kurz abkühlen lassen und dann die Buttermilch unterrühren.

3. Auf Gläser oder Schalen verteilen und zugedeckt kühl stellen. Nach Belieben vor dem Servieren einen Fruchtspiegel (z. B. Rhabarber, Erdbeeren, Himbeeren) auf Dessertteller geben und die Panna cotta vorsichtig darauf stürzen.

1500 Puten, 200 Gänse, vier Esel und über ein Dutzend Bergschafe, die den Rasen pflegen – eine Menge Tiere, deren Wohl für Maren Flessenkemper und ihren Partner Robert Adelwarth an erster Stelle stehen. Die Idee artgerechter Haltung legte 2010 den Grundstein für den Bio-Geflügelhof.

Maren Flessenkemper

Die Arbeit rund um den Bio-Geflügelhof nahe Memmingen hält die einstige Gemüsehändlerin ganz schön auf Trab.

Alles begann am Memminger Wochenmarkt. Hier der Gemüsestand von Maren Flessenkemper. Dort der des Bio-Putenhofs von Robert Adelwarth, bei dem der Chef gelegentlich nach dem Rechten sah. Man kam ins Gespräch – und bald hatten sich die junge Marktfrau und der engagierte Geflügelzüchter so viel zu erzählen, dass sie ein Paar wurden.

Beide sind Quereinsteiger. Maren Flessenkemper hatte als Zahnarzthelferin gearbeitet. „Aber ich wollte mein eigener Herr sein und auch noch direkter mit Menschen zu tun haben. Deshalb habe ich mich mit einem Gemüsestand selbstständig gemacht", erzählt sie. Robert Adelwarth war ursprünglich Veranstaltungstechniker – bis er aus persönlichem Interesse heraus 2009 einen konventionell geführten Putenhof besuchte: ein Schlüsselerlebnis. Adelwarth hängte seine Techniker-Laufbahn an den Nagel, wurde Landwirt und beschloss, alles anders zu machen, als er es auf dem Putenhof erlebt hatte. Auf dem stillgelegten Hof seines Großvaters baute er seine eigene Geflügelzucht auf, erst mit einem, dann mit zwei, schließlich mit drei Ställen, alle mit viel Bewegungsfreiheit für die Puten und auch mit viel Ausflaufmöglichkeiten im Freien. Dieser Ansatz begeisterte auch Maren Flessenkemper, so sehr, dass sie sich bald nicht mehr um ihren eigenen Gemüsestand kümmerte, sondern um die Marktstände des Geflügelhofs. „Mir ist wichtig, dass ich voll und ganz hinter dem stehen kann, was ich anbiete – darauf habe ich auch bei meinem Gemüse immer geachtet. Und das Bio-Geflügel, das wir hier halten, hat – gerade wenn man es mit dem Fleisch der meisten konventionell aufgezogenen Puten vergleicht – eine ganz andere Qualität."

1500 Puten sind es inzwischen, die als winzige Küken mit wenigen Wochen und 800 Gramm auf den Hof kommen und großgezogen werden, bis sie zwischen 20 und 28 Wochen alt sind und elf bis 15 Kilogramm auf die Waage bringen. Dazu kommen noch 200 Gänse für Kirchweih, St. Martin und Weihnachten. Verkauft werden sie mittlerweile nicht nur auf dem Markt, sondern auch im Hofladen direkt bei Adelwarths Ställen im Örtchen Hetzlinshofen südlich von Memmingen. Maren Flessenkemper selbst ist allerdings nur noch in Ausnahmefällen am Marktstand anzutreffen: Dafür hält sie ihr einjähriges Söhnchen Milian zu sehr auf Trab. „Um den Hofladen aber kann ich mich nach wie vor gut kümmern, da nehme ich Milian einfach mit."

Anders als bei einem alteingesessenen Familienbauernhof sind beim Geflügelhof Adelwarth kaum Verwandte greifbar, die mithelfen und auch als Babysitter einspringen können. Robert Adelwarths Vater allerdings unterstützt seinen Sohn bei der Arbeit, wo er kann. Deshalb hat Maren Flessenkemper im Normalfall in den Ställen und auch mit den Tieren weniger zu tun – im Moment allerdings fehlt ein Mitarbeiter. „Man kann sagen, Robert und ich schmeißen den Betrieb gerade allein." Da ist dann auch die junge Mutter beim Füttern mit im Stall anzutreffen. „Das Ganze noch mit einem Kleinkind, das ist schon durchaus stramm", sagt Maren Flessenkemper lachend, und auch ein bisschen stolz, dass trotz der Engpässe alles läuft.

Für die Landfrauen nahm sich die beherzte Allgäuerin trotzdem gerne Zeit. Und es war auch von vornherein völlig klar, was es bei ihr zu essen geben würde, zumindest beim Hauptgang: Pute. „Wir haben geschmorte Putenoberkeule gemacht, mit gespießten Kartoffeln, die im Bratensatz mitgegart werden. Da kommt besonders gut heraus, wie facettenreich das Fleisch einer Bio-Pute schmecken kann."

*Anstelle von Ziegenfrischkäse können
Sie das Rezept auch mit
cremigem Schafskäse zubereiten.*

Feige Ziege

mit
Linsensalat

Zutaten für 4 Personen

Für den Salat
200 g Linsen (z. B. Berglinsen,
rote Linsen)
1 rote Zwiebel
Öl zum Braten
1 Karotte
1 Bund Rucola
etwas Petersilie
1/2 Zucchini (nach Belieben)

Für das Dressing:
3 EL Olivenöl
3 EL Himbeeressig
1 TL mittelscharfer Senf
1 TL Honig
Salz
Pfeffer aus der Mühle
Chilipulver

Für die Feige Ziege:
4 reife Feigen
ca. 8 Walnüsse
1 TL Kokosöl
1 EL Ahornsirup
12 Scheiben geräucherter Puten-
Lachsschinken
100 g Ziegenfrischkäse
1 Stiel Minze

1. Für den Salat die Linsen nach Packungsanweisung in ungesalzenem Wasser garen. Abgießen und abkühlen lassen. Inzwischen die Zwiebel schälen und in feine Würfel schneiden. Das Öl erhitzen, die Zwiebel darin andünsten und beiseitestellen.

2. Die Karotte putzen, schälen und fein hobeln. Den Rucola und die Petersilie waschen, trocken schütteln und fein hacken. Nach Belieben die Zucchini putzen, waschen und in feine Würfel schneiden. Etwas Öl in einer Pfanne erhitzen und Karotte und Zucchini darin kurz andünsten, am Schluss Rucola und Petersilie unterrühren. Das Gemüse mit Linsen und gedünsteter Zwiebel vermengen.

3. Für das Dressing das Olivenöl, Essig, Senf und Honig mit einer Gabel glatt rühren. Das Dressing über die Linsen-Gemüse-Mischung geben und vorsichtig unterheben. Den Salat mit Salz, Pfeffer und Chilipulver abschmecken.

4. Für die Feige Ziege die Feigen vorsichtig waschen und trocken tupfen. Die Früchte von oben nach unten vierteln, dabei aber nur etwa zwei Drittel tief einschneiden, damit sie nicht auseinanderfallen. Die Walnüsse knacken.

5. Das Kokosöl in einer kleinen Pfanne erhitzen. Die Walnusskerne darin etwa 2 Minuten anrösten. Den Ahornsirup dazugeben und alles 2 Minuten köcheln lassen, bis die Nüsse rundum mit Sirup überzogen sind. Die Nüsse abkühlen lassen.

6. Den Schinken in der Pfanne knusprig anbraten. Die Feigen mit je einem Viertel vom Ziegenfrischkäse füllen und die glasierten Walnüsse darauf verteilen. Je 3 Scheiben Schinken um jede gefüllte Feige wickeln, eventuell mit Küchengarn festbinden. Den Linsensalat auf Teller verteilen und je 1 gefüllte Feige darauf anrichten. Mit Minze dekorieren.

Mein Tipp:
Bleiben Sie beim Glasieren der Walnüsse in der Nähe der Pfanne, da die Nüsse schnell verbrennen. Das Salatdressing können Sie nach Belieben noch mit etwas gekörnter Gemüsebrühe würzen.

Das Aroma kommt über Nacht: Kräuter, Senf und Knoblauch machen aus der Oberkeule eine Delikatesse.

Mein Tipp

Zu den Kartoffeln schmeckt noch ein feiner Kräuterquark: Dafür etwas Salz, Pfeffer, getrocknete Petersilie, Knoblauch- und Paprikapulver mischen. Mit 100 g Frischkäse und 250 g Speisequark sowie 1 Bund klein geschnittenem Schnittlauch verrühren.

Putenoberkeule

mit Kartoffelspieß, glasierten Karotten und Zuckerschoten

Zutaten für 4–6 Personen

Für den Braten:
ca. 1 1/2 kg Putenoberkeule
Salz
Pfeffer aus der Mühle
2 EL Senf
2 Knoblauchzehen
2 Zweige Rosmarin
2 Zweige Thymian
1–2 große Zwiebeln
Öl zum Braten
2 EL Honig
Speisestärke
Balsamico-Creme

Für den Spieß:
Salz
Pfeffer aus der Mühle
Knoblauchpulver
Paprikapulver
gehackter Basilikum, Rosmarin und Thymian (nach Belieben)
4 große Kartoffeln
Olivenöl

Für das Gemüse:
500 g Bund-Karotten
200 g Zuckerschoten
Salz
40 g Butter
15 g Zucker
gekörnte Gemüsebrühe (nach Belieben)

1. Am Vortag für den Braten die Oberkeule rundum mit Salz und Pfeffer würzen und einen nicht zu tiefen Einschnitt machen. Die Keule innen mit dem Senf einreiben. Den Knoblauch schälen und in dünne Scheiben schneiden. Die Kräuterzweige waschen und trocken schütteln. Knoblauchscheiben und Kräuterzweige in die Keule legen und alles über Nacht im Kühlschrank durchziehen lassen.

2. Am nächsten Tag die Zwiebeln schälen und in schmale Streifen schneiden. Den Backofen auf 180 °C vorheizen. Das Öl in einem Bräter erhitzen, die Zwiebeln und die Keule hineingeben und die Keule auf beiden Seiten scharf anbraten. Die Keule herausnehmen, den Honig über die Zwiebeln träufeln und karamellisieren. Die Keule wieder in den Bräter geben, den Deckel auflegen und das Fleisch im Ofen auf der mittleren Schiene etwa 75 Minuten garen.

3. Inzwischen für den Kartoffelspieß Salz, Pfeffer, Knoblauchpulver, Paprikapulver und nach Belieben die Kräuter mischen. Die Kartoffeln waschen und jede mittig längs auf einen Holzspieß stecken. Mit einem scharfen Messer spiralförmig einschneiden, bis das Messer auf den Holzspieß stößt. Die Spiralen vorsichtig auseinanderziehen, mit Olivenöl beträufeln und mit der Gewürzmischung bestreuen. Auf ein mit Backpapier belegtes Blech legen und 45 Minuten vor Ende der Garzeit der Putenkeule auf der unteren Schiene im Ofen etwa 45 Minuten garen, bis die Kartoffeln knusprig und gar sind.

4. Für das Gemüse die Karotten putzen und waschen, das Grün bis auf ein paar Zentimeter abschneiden. Die Zuckerschoten waschen. Karotten und Zuckerschoten in kochendem Salzwasser etwa 10 Minuten blanchieren. Die Butter mit dem Zucker und etwas Salz in einem Topf erhitzen. Die Karotten und die Zuckerschoten darin unter Wenden andünsten, bis sie glänzen. Nach Belieben mit etwas Brühe abschmecken.

5. Die Keule aus dem Bräter nehmen und warm halten. Die Sauce mit dem Stabmixer pürieren, mit etwas Speisestärke binden und mit Salz, Pfeffer und Balsamico-Creme abschmecken.

6. Das Fleisch in Scheiben schneiden und auf Teller verteilen. Die Sauce über das Fleisch geben. Die Kartoffelspieße und das Gemüse daneben anrichten. Sofort servieren.

Die schwarzen Früchte sind wahre Vitamin-
bomben – sozusagen eine gesunde Nachspeise!

Quarkklößchen

auf
Brombeerspiegel

Zutaten für 4–6 Personen

Für die Quarkklößchen:
4 Blatt Gelatine
1 Zitrone
250 g Speisequark (Topfen)
250 g saure Sahne
150 g Puderzucker
250 g Sahne

Für den Brombeerspiegel:
400 g Brombeeren und Brombeeren zum Garnieren

1. Am Vortag für die Quarkklößchen die Gelatine in einer Schüssel in kaltem Wasser 10 Minuten einweichen. Die Zitrone auspressen. Quark, saure Sahne und Puderzucker mit dem Zitronensaft verrühren.

2. Etwas Wasser erhitzen. Die Gelatineblätter mit den Händen gut ausdrücken, in das heiße Wasser geben und unter Rühren darin auflösen. Erst etwa 2 EL von der Quarkmasse in die Gelatine rühren, dann nach und nach die restliche Quarkmasse dazugeben und gut unterrühren. Die Sahne steif schlagen und unterheben. Die Creme zugedeckt über Nacht in den Kühlschrank stellen.

3. Am nächsten Tag für den Brombeerspiegel die Brombeeren verlesen, waschen und trocken tupfen. Mit dem Stabmixer pürieren und mit einem Löffel durch ein Sieb streichen, sodass die Kerne zurückbleiben.

4. Einen Spiegel von Brombeerpüree auf Teller verteilen. Von der kalten Quarkmasse mit einem Löffel kleine Klöße ausstechen und auf den Brombeerspiegel setzen. Nach Belieben mit Puderzucker bestäuben und mit frischen Brombeeren und Minze garnieren. Sofort servieren.

Sommerlicher Melonensalat

mit
geräuchertem Putenfilet

Zutaten für 4 Personen

1 Honigmelone
1 Charantais-Melone
200 g geräuchertes Putenfilet
100 g Frischkäse
1 geh. EL Naturjoghurt
100 ml Milch
Saft von 1 Limette
Zucker
Salz
Pfeffer aus der Mühle
1 Stiel Minze
Baguette

1. Die Melonen halbieren und entkernen. Aus dem Fruchtfleisch mit einem Kugelausstecher kleine Kugeln formen und auf Teller verteilen. Das geräucherte Putenfilet in hauchdünne Scheiben schneiden.

2. Den Frischkäse mit dem Joghurt und der Milch glatt rühren. Den Limettensaft und 1 Prise Zucker unterrühren und das Dressing mit Salz und Pfeffer würzen. Die Minze waschen, trocken tupfen und die Blätter abzupfen.

3. Das Dressing über den Melonenkugeln verteilen. Das Putenfilet dekorativ zwischen den Melonenkugeln anrichten. Den Salat mit den Minzeblättchen garnieren und mit knusprigem Baguette servieren.

Mein Tipp:

Zu diesem Salat schmeckt auch ein selbst gemachtes Brot ausgezeichnet: Dafür 1 kleine Flasche Malzbier (330 ml), 400 g Mehl, 1 Päckchen Backpulver und je 1 Prise Salz und Zucker mit den Knethaken des Handrührgeräts etwa 5 Minuten zu einem glatten Teig verkneten. Nach Belieben mit Röstzwiebeln, Schinkenwürfeln oder Kräutern verfeinern. Den Backofen auf 200 °C vorheizen. Den Teig in eine gefettete Kastenform geben und im Ofen etwa 40 Minuten backen.

Putenröllchen

auf
Tagliatelle-Bett

Zutaten für 4 Personen

2 Zwiebeln
4 Knoblauchzehen
250 g Blattspinat
3 EL Öl
Salz
Pfeffer aus der Mühle
frisch geriebene Muskatnuss
8 dünne Putenschnitzel
8 Scheiben Putenkochschinken
8 dünne Scheiben Allgäuer
Bergkäse
4 EL Butterschmalz
4 cl Amaretto (ital. Mandellikör)
600 ml Hühnerbrühe
400 g Tagliatelle
8 EL passierte Tomaten
150 g Crème fraîche

1. Die Zwiebeln und den Knoblauch schälen und in feine Würfel schneiden. Den Spinat verlesen und waschen, dabei grobe Stiele entfernen. Den Spinat trocken schütteln. Das Öl in einem Topf erhitzen und Zwiebeln und Knoblauch darin andünsten. Den Spinat hinzufügen und zusammenfallen lassen. Mit Salz, Pfeffer und Muskatnuss würzig abschmecken.

2. Die Putenschnitzel mit Salz und Pfeffer würzen. Jedes Schnitzel mit 1 Scheibe Kochschinken und 1 Scheibe Bergkäse belegen. Die Spinatmasse, falls nötig, etwas ausdrücken und darauf verteilen. Alles vorsichtig aufrollen und mit Holzspießen fixieren.

3. Das Butterschmalz in einer Pfanne erhitzen und die Putenröllchen darin rundum 5 Minuten anbraten. Mit dem Amaretto ablöschen und die Brühe dazugießen. Alles mit geschlossenem Deckel bei schwacher Hitze etwa 10 Minuten köcheln lassen.

4. Inzwischen die Tagliatelle in reichlich kochendem Salzwasser nach Packungsanweisung bissfest garen. Die Putenröllchen aus der Pfanne nehmen. Das Tomatenpüree und die Crème fraîche unter die Sauce rühren. Die Sauce abschmecken und nach Belieben mit etwas Speisestärke binden. Die Putenröllchen wieder hineinlegen.

5. Die Tagliatelle abgießen, abtropfen lassen und auf Teller verteilen. Die Putenröllchen mit der Sauce darauf anrichten. Nach Belieben mit Basilikum garnieren und servieren.

Ein Prosit auf 10 Jahre Landfrauenküche!

Tausende Kilometer fuhr der Oldtimerbus schon übers Land und so entstanden über 69.300 Minuten ...

... ungeschnittenes Filmmaterial – dank des unermüdlichen Einsatzes des Produktions- und Redaktionsteams ...

... nicht zu vergessen den großen und kleinen tierischen Protagonisten ...

... und natürlich 70 glücklichen Landfrauen mit ihren Koch- und Dekokünsten. Weil's gar so gut geschmeckt hat, finden Sie auf den folgenden Seiten die besten Rezepte der Gesamtsiegerinnen aller bisheriger Staffeln!

Zucchiniblütenkuchen

und Rosa Kalbsfilet
Vorspeise

Zutaten für 4–6 Personen

Für den Teig:
175 g helles Dinkelmehl
75 g Butter (in Würfeln) · 1 Ei
1 Prise Salz · Butter für die Form

Für die Kräcker:
2 Blätter Strudelteig (aus dem
Kühlregal) · 50 g flüssige Butter
Salz · Chiliflocken

Für den Belag:
1 Zwiebel · 300 g Zucchini
1 EL Butter · Kräutersalz · Pfeffer
aus der Mühle · 6 Zucchiniblüten
100 g Ziegenfrischkäse
100 g geriebener Bergkäse · 3 Eier
100 g Sahne · Salz
frisch geriebene Muskatnuss

Für das Kalbsfilet:
350 g Kalbsfilet (ca. 7 cm dick)
Salz · Pfeffer aus der Mühle
1 EL Olivenöl · 1 TL Kakaopulver
1 Msp. Chilipulver · 250 g Mus-
katkürbis · 3 EL Butter
150 g Kokosmilch · 1/2 TL abgeriebene Bio-Zitronenschale

1. Für den Teig alle Zutaten und 3 EL kaltes Wasser gut verkneten. Den Teig ausrollen, eine gefettete Springform (24 cm Durchmesser) damit auskleiden und dabei einen 3 cm hohen Rand formen. Den Boden mit einer Gabel mehrmals einstechen und 45 Minuten kühl stellen.

2. Für die Kräcker den Backofen auf 200 °C Umluft vorheizen. Die Teigblätter auf ein gefettetes Backblech legen und mit der flüssigen Butter bestreichen. Mit Salz und Chiliflocken würzen und im Ofen auf der mittleren Schiene 8 Minuten backen. Herausnehmen und in Stücke brechen.

3. Für den Belag die Zwiebel schälen und in feine Würfel schneiden. Die Zucchini putzen, waschen und in Scheiben schneiden. Die Butter in einer Pfanne erhitzen. Zwiebelwürfel und Zucchinischeiben darin andünsten. Mit Kräutersalz und Pfeffer würzen. Die Zucchiniblüten vorsichtig waschen und trocken tupfen, die Stempel entfernen. Frischkäse, 50 g Bergkäse und 1 Ei verrühren, mit Kräutersalz und Pfeffer würzen. Die Blüten mit der Masse füllen und oben leicht zusammendrehen.

4. Den Backofen auf 180 °C Umluft einstellen. Die Sahne und die übrigen Eier verrühren und mit Salz und Muskatnuss würzen. Die Zucchini auf dem Teig in der Springform verteilen und die gefüllten Blüten daraufsetzen. Die Eiersahne darübergießen und den restlichen Käse daraufstreuen. Den Zucchiniblütenkuchen im Ofen auf der mittleren Schiene etwa 35 Minuten backen. Herausnehmen.

5. Für das Kalbsfilet den Backofen auf 90 °C Ober- und Unterhitze einstellen. Das Kalbsfilet mit Salz und Pfeffer würzen. Das Olivenöl in einer ofenfesten Pfanne erhitzen und das Fleisch darin rundum anbraten. Das Kakao- und das Chilipulver mischen und das Filet darin wenden. Im Ofen auf der mittleren Schiene etwa 1 Stunde garen. Herausnehmen und mit Alufolie abdecken.

6. Den Kürbis schälen und in Würfel schneiden. 1 EL Butter in einem Topf erhitzen und den Kürbis darin andünsten. Die Kokosmilch dazugeben und den Kürbis 10 Minuten köcheln. Mit dem Stabmixer pürieren, mit Salz, Pfeffer und Zitronenschale würzen. Die übrige Butter in einer Pfanne zerlassen. Das Fleisch in Scheiben schneiden und darin schwenken. Die Kürbiscreme mit Kräckern und Filet aufeinanderschichten. Den Kuchen in Stücke schneiden und daneben anrichten. Nach Belieben einen Wildkräutersalat dazu servieren.

Apfel-Carpaccio
mit Roastbeef
Vorspeise

Gesamtsiegerin der Staffel 6

Maria Pösch

1. Für das Roastbeef den Backofen auf 80 °C Ober- und Unterhitze vorheizen. Das Roastbeef rundum mit dem Öl bestreichen und mit Salz und Pfeffer würzen. Auf ein Backblech legen und im Ofen auf der mittleren Schiene etwa 1 1/2 Stunden garen, bis das Fleisch eine Kerntemperatur von 50 °C erreicht hat.

2. Für das Carpaccio den Essig, 1 EL Olivenöl, Lein- und Walnussöl sowie Ahornsirup gut mischen. Das Dressing mit Salz und Pfeffer würzen und kühl stellen.

3. Die Walnüsse grob hacken und in einer Pfanne ohne Fett goldbraun rösten. Den Puderzucker darüberstreuen und die Walnüsse karamellisieren. Aus der Pfanne nehmen und beiseitestellen.

4. Den Rucola verlesen, waschen und trocken schleudern, grobe Stiele entfernen. Die Äpfel waschen, die Kerngehäuse mit dem Ausstecher entfernen und die Äpfel in dünne Scheiben schneiden.

5. Das restliche Olivenöl mit einem Pinsel auf vier Teller verstreichen. Die Apfelscheiben kreisförmig darauf auslegen. Den Rucola darauf verteilen und das Carpaccio mit dem Dressing beträufeln.

6. Das Roastbeef aus dem Ofen nehmen. Das Butterschmalz in einer Pfanne erhitzen und das Roastbeef darin rundum anbraten. Das Fleisch wieder in den Ofen geben und bei 80 °C erhitzen, bis es eine Kerntemperatur von 58 °C erreicht hat.

7. Das Roastbeef aus dem Ofen nehmen und in Scheiben schneiden. Auf dem Apfel-Carpaccio anrichten und mit Salz würzen. Das Apfel-Carpaccio mit den karamellisierten Walnüssen bestreuen und servieren.

Zutaten für 4 Personen

Für das Roastbeef:
400 g Roastbeef
1 EL Rapsöl
Salz · Pfeffer aus der Mühle
1 EL Butterschmalz

Für das Carpaccio:
1 EL Apfelessig
3 EL Olivenöl
1 EL Leinöl
2 EL Walnussöl
1/2 EL Ahornsirup
Salz · Pfeffer aus der Mühle
40 g Walnusskerne
1 EL Puderzucker
60 g Rucola
2 säuerliche Äpfel

Geschmorte Kalbshaxe

italienischer Art
Hauptgang

Zutaten für 4 Personen

Für die Kalbshaxe:
100 g Staudensellerie
200 g Karotten · 4 Zwiebeln
2 Knoblauchzehen · 500 g Tomaten · 4 Scheiben Kalbshaxe
(ca. 4 cm dick)
Salz · Pfeffer aus der Mühle
2–3 EL Mehl · 3 EL Butter
2 EL Olivenöl · 150 ml Weißwein
1/4 l Gemüsebrühe
je 1 TL getrockneter Thymian und
Oregano · 2 Lorbeerblätter

Für das Gratin:
1 kg festkochende Kartoffeln
Olivenöl für die Form
Salz · Pfeffer aus der Mühle
frisch geriebene Muskatnuss
1/4 l Milch · 250 g Sahne
100 g Käse (z.B. Gouda oder
Appenzeller; am Stück)

Außerdem:
2 Knoblauchzehen
1 Bund Petersilie
abgeriebene Schale von
1 Bio-Zitrone

1. Für die Kalbshaxe den Staudensellerie putzen, waschen und in kleine Würfel schneiden. Die Karotten putzen, schälen und ebenfalls in kleine Würfel schneiden. Die Zwiebeln und den Knoblauch schälen und in feine Würfel schneiden. Die Tomaten kreuzweise einritzen, überbrühen, kalt abschrecken, häuten, vierteln, entkernen und in Stücke schneiden.

2. Die Kalbshaxenscheiben waschen, trocken tupfen und den Fettrand mehrmals einschneiden. Mit Salz und Pfeffer würzen und im Mehl wenden, überschüssiges Mehl abklopfen. Die Butter und das Olivenöl in einem Bräter erhitzen und die Kalbshaxenscheiben darin auf beiden Seiten kräftig anbraten. Wieder herausnehmen.

3. Den Sellerie, die Karotten, die Zwiebeln und den Knoblauch in das Bratfett geben und unter Rühren andünsten. Mit dem Wein und der Brühe ablöschen. Die Haxenscheiben, die Tomaten, die getrockneten Kräuter und die Lorbeerblätter dazugeben. Mit Salz und Pfeffer würzen und mit geschlossenem Deckel bei schwacher Hitze etwa 1 1/2 Stunden schmoren lassen.

4. Inzwischen für das Gratin den Backofen auf 220 °C vorheizen. Die Kartoffeln schälen, waschen und in dünne Scheiben schneiden. Eine flache Gratinform mit Olivenöl einfetten und die Kartoffelscheiben dachziegelartig hineinschichten. Mit Salz, Pfeffer und Muskatnuss kräftig würzen.

5. Die Milch und die Sahne verrühren und gleichmäßig über die Kartoffeln gießen. Den Käse reiben und darüberstreuen. Das Gratin im Ofen auf der mittleren Schiene etwa 50 Minuten backen.

6. Den Knoblauch schälen und in feine Würfel schneiden. Die Petersilie waschen und trocken schütteln, die Blätter abzupfen und fein hacken. Knoblauch, Petersilie und Zitronenschale mischen. Die geschmorten Kalbshaxenscheiben mit dem Kartoffelgratin auf Tellern anrichten und mit dem Zitronen-Kräuter-Mix bestreuen.

Rinderfilet

in Heusalzkruste
Hauptgang

Gesamtsiegerin der Staffel 5

Simone Vogler

1. Für das Filet das Öl in einer großen Pfanne erhitzen. Das Rinderfilet darin rundum kräftig anbraten. Herausnehmen und etwas abkühlen lassen. Mit dem Senf einreiben und mit Salz, Pfeffer und den Kräutern würzen.

2. Den Backofen auf 170 °C vorheizen. Ein Backblech mit Alufolie belegen. Die Eiweiße zu steifem Schnee schlagen. Mit dem Meersalz und dem Mehl zu einem Salzteig mischen. Ein Drittel des Salzteigs auf die Alufolie geben. Mit der Hälfte des Heus bedecken. Rosmarin und Thymian waschen und trocken schütteln. Je 2 Zweige Rosmarin und Thymian auf das Heu legen. Das Fleisch daraufsetzen und die restlichen Kräuterzweige auf das Fleisch legen. Mit dem übrigen Heu abdecken. Alles mit dem Salzteig vollständig bedecken und das Fleisch im Ofen auf der mittleren Schiene etwa 40 Minuten garen.

3. Für die Sauce das Tomatenmark kurz im Bratensatz des Rinderfilets anrösten. Mit der Hälfte des Rotweins ablöschen und einkochen lassen. Mit dem restlichen Rot- und Portwein, Cognac und der Brühe aufgießen. Knoblauch, Ingwer und Lorbeerblatt dazugeben. Die Sauce mit Salz, Pfeffer, Chilisalz und Streuwürze würzen und bei schwacher Hitze etwa 10 Minuten köcheln lassen.

4. Die Sauce durch ein feines Sieb gießen und erneut aufkochen. Die Schokolade in Stücke brechen, dazugeben und schmelzen lassen. Nach Belieben die Sauce mit etwas angerührter Speisestärke binden.

5. Das Rinderfilet aus dem Ofen nehmen und die Temperatur auf 80 °C reduzieren. Das Fleisch aus dem Salzteig brechen und das Heu entfernen. Das Filet in Alufolie wickeln und im Ofen 10 Minuten ruhen lassen.

6. Für die Karottenblumen die Karotten putzen und schälen. Je nach Dicke der Karotten längs 3 bis 5 Kerben einschneiden. Die Karotten in etwa 3 mm dicke Scheiben (Blumen) schneiden. In einem Topf 1 EL Butter erhitzen. Die orangefarbenen und gelben Karotten darin kurz andünsten. Mit 3 EL Wasser ablöschen. Die Karotten mit geschlossenem Deckel bei schwacher Hitze bissfest garen. Mit Salz würzen. Die restliche Butter in einem Topf erhitzen und die lilafarbenen Karotten auf die gleiche Weise zubereiten. Mit 1 EL Wasser ablöschen und mit Salz würzen.

7. Das Rinderfilet aus dem Ofen nehmen und in Scheiben schneiden. Mit der Sauce und den Karottenblumen auf Tellern anrichten. Dazu passen Schupfnudeln.

Zutaten für 4 Personen

Für das Filet:
2 EL Öl · 800 g Rinderfilet
1 EL Dijon-Senf
Salz · Pfeffer aus der Mühle
1 EL getrocknete Kräuter
(z. B. Kerbel, Petersilie, Thymian)
7 Eiweiß · 2 kg grobes Meersalz
80 g Mehl
250 g ungedüngtes Bergwiesenheu · je 4 Zweige Rosmarin und Thymian

Für die Sauce:
1 EL Tomatenmark
1/2 l trockener Rotwein
1/2 l Portwein · 2 EL Cognac
300 ml Hühnerbrühe
3 Scheiben Knoblauch
1 Scheibe Ingwer · 1 Lorbeerblatt
Salz · Pfeffer aus der Mühle
Chilisalz · Streuwürze
25 g Zartbitterschokolade

Für die Karottenblumen:
je 200 g gelbe, orange- und lila-farbene Karotten
1 1/2 EL Butter · Salz

Kalbstafelspitz

mit gefüllten Pfannkuchen
Hauptgang

Zutaten für 4 Personen

Für den Tafelspitz:
1 kg Kalbstafelspitz · Salz
100 g Karotten · 100 g Knollensellerie · 1 kleine Zwiebel

Für die Pfannkuchen:
100 g Mehl · 125 ml Milch
2 Eier · Salz · 3 EL Butter
200 g Frischkäse · 1 Eigelb
20 g Hartweizengrieß
2 EL gehackte Kräuter (z. B. Thymian, Petersilie, Schnittlauch)
1 kleine Knoblauchzehe
Salz · Pfeffer aus der Mühle
frisch geriebene Muskatnuss
Butter für das Blech

Für das Gemüse:
8 Karotten (mit Grün)
1–2 TL Puderzucker · Salz · Pfeffer
aus der Mühle · 1 Kohlrabi

Für die Sauce:
1 Eigelb · 1 Ei · ca. 2 EL Weißwein
25 g weiche Butter
Salz · Pfeffer aus der Mühle
frisch geriebene Muskatnuss

1. Den Kalbstafelspitz in einen Topf geben und so viel heißes Wasser hinzufügen, dass das Fleisch bedeckt ist. Leicht salzen.

2. Die Karotten und den Sellerie putzen, schälen und in Stücke schneiden. Die Zwiebel schälen und in feine Würfel schneiden. Alle Gemüse zum Fleisch geben. Aufkochen und bei schwacher Hitze 1 bis 1 1/2 Stunden leicht köcheln lassen.

3. Für die Pfannkuchen das Mehl, die Milch, die Eier und 1 Prise Salz zu einem Teig verrühren, 30 Minuten quellen lassen. Die Butter in einer Pfanne erhitzen und aus dem Teig darin nacheinander dünne Pfannkuchen backen.

4. Den Backofen auf 180 °C vorheizen. Den Frischkäse, das Eigelb, den Grieß und die Kräuter verrühren. Den Knoblauch schälen und durch die Knoblauchpresse dazudrücken. Mit Salz, Pfeffer und Muskatnuss abschmecken. Die Masse auf die Pfannkuchen streichen, die Pfannkuchen aufrollen und in Alufolie wickeln. Auf ein gefettetes Backblech legen.

5. Für das Gemüse die Karotten putzen und schälen, dabei etwa 1 cm Karottengrün stehen lassen. Ebenfalls auf das Backblech legen. Mit Puderzucker bestreuen und mit Salz und Pfeffer würzen. Die Pfannkuchen und die Karotten im Ofen auf der mittleren Schiene 20 bis 25 Minuten garen. Die Karotten zwischendurch einmal wenden.

6. Den Kohlrabi putzen, schälen und in mundgerechte Würfel schneiden. Etwas Tafelspitzbrühe in einen Topf geben und den Kohlrabi darin etwa 10 Minuten bissfest garen. Mit Salz und Pfeffer würzen. Nach Belieben das Kohlrabigemüse mit etwas Sahne und Mehl binden, dann nicht mehr kochen lassen.

7. Für die Sauce 50 ml Tafelspitzbrühe abnehmen und auf die Hälfte einkochen lassen. Das Eigelb, das Ei, den Wein und die Brühe in einer Metallschüssel über dem heißen Wasserbad schaumig aufschlagen. Die Schüssel vom Wasserbad nehmen, weiterschlagen und die Butter unterrühren. Mit Salz, Pfeffer und Muskatnuss würzen. Die Sauce bis zum Servieren über dem Wasserbad warm halten.

8. Die Pfannkuchen und das Gemüse aus dem Ofen nehmen, die Pfannkuchen aus der Folie wickeln und in Stücke schneiden. Den Tafelspitz in Scheiben schneiden und mit der Sauce, den Karotten, dem Kohlrabi und den Pfannkuchen anrichten.

American Burger

mit selbst gemachten Burger Buns
Hauptgang

1. Für die Buns die Milch mit dem Zucker verrühren. Die Hefe zerbröckeln und in der Milch auflösen, einige Minuten ruhen lassen. Das Mehl, 1 TL Salz, die Butter und das Ei unterrühren. Alle Zutaten mit den Knethaken des Handrührgeräts zu einem weichen, homogenen Teig kneten. Zugedeckt an einem warmen Ort gehen lassen, bis sich sein Volumen verdoppelt hat.

2. Den Teig durchkneten und in 5 Portionen teilen. Jede Portion zu einer Kugel formen und etwas ruhen lassen. Dann mit der Hand oder dem Nudelholz auf die Größe eines Burger-Pattys flach drücken. Auf ein mit Backpapier belegtes Backblech legen und 30 bis 60 Minuten gehen lassen. Den Backofen auf 180 °C vorheizen. Die Milch mit 1 EL Wasser und dem Ei verquirlen, die Teiglinge damit bestreichen und mit Sesam bestreuen. Die Buns im Ofen auf der mittleren Schiene 15 bis 18 Minuten goldgelb backen. Herausnehmen und zum Auskühlen mit einem Küchentuch bedecken, damit sie weich bleiben.

3. Für die Sauce den Bacon in Würfel schneiden, in einer Pfanne erhitzen und unter Rühren auslassen. Das Fett abgießen. Zwiebeln und Schalotten schälen und in feine Würfel schneiden. Zum Bacon geben und goldgelb braten. Den Knoblauch schälen, in feine Würfel schneiden und dazugeben. Chilisauce, Pfeffer und Paprikapulver gut unterrühren und 1 bis 2 Minuten mitköcheln. Den Whisky und den Ahornsirup dazugeben, aufkochen und etwa 3 Minuten kochen lassen. Balsamico und Zucker hinzufügen und alles einige Minuten kochen lassen. Die Sauce nach Belieben mit dem Stabmixer pürieren oder stückig lassen. Bis zur Verwendung kühl stellen.

4. Für die Pattys das Hackfleisch mit etwas Salz und Pfeffer würzen und in 5 Portionen teilen. Jede Portion zu einer Kugel formen und auf etwa 1 1/2 cm Höhe flach drücken, ohne dass Risse entstehen.

5. Die Buns aufschneiden und die Schnittflächen auf dem Grill oder im Backofen anrösten. Die Sauce großzügig auf Ober- und Unterseite verteilen, 1 Salatblatt auf die Unterseite legen, nach Belieben Tomaten- und Essiggurkenscheiben oder Zwiebelringe auflegen. Die Pattys grillen oder in etwas Öl in einer Pfanne braten. Fertige Pattys auf die Burger legen. Die Buns zuklappen und die Burger nach Belieben mit Krautsalat und Country Potatoes servieren.

Zutaten für 5 Personen

Für die Buns:
100 ml Milch (lauwarm)
20 g Zucker · 1/2 Würfel Hefe
(21 g) · 250 g Mehl · Salz
40 g zerlassene Butter · 1 Ei
1 EL Milch und 1 Ei zum
Bestreichen · helle Sesamsamen

Für die Sauce (ergibt 1 l):
850 g Bacon · 2 Zwiebeln
250 g Schalotten · 4 Knoblauchzehen · 2 EL Sriracha-Chilisauce
(Asialaden) · 1/2 TL Pfeffer aus
der Mühle · 1 TL geräuchertes
Paprikapulver · je 120 ml Whisky
und Ahornsirup (oder Honig)
60 ml Aceto balsamico
120 g brauner Zucker

Für die Pattys:
625 g Rinderhackfleisch
Salz · Pfeffer aus der Mühle

Außerdem:
5 Salatblätter · Tomaten- und
Essiggurkenscheiben
rote Zwiebelringe

Himbeertörtchen

mit hausgemachtem Eierlikör
Nachspeise

Zutaten für 4 Personen

Für den Eierlikör:
8 Eigelb
200 g Zucker
1 Päckchen Vanillezucker
250 g Sahne
1/4 l Doppelkorn

Für die Törtchen:
1 Ei
140 g Zucker
2 1/2 Päckchen Vanillezucker
4 EL Öl
4 EL Mineralwasser
70 g Mehl
1 TL Backpulver
5 Blatt Gelatine
400 g saure Sahne
400 g Sahne
75 g Himbeeren

Außerdem:
Fett und Mehl für die Form
geschlagene Sahne und Hasel-
nusskrokant zum Verzieren

1. Am Vortag für den Eierlikör alle Zutaten in einem Topf gut verrühren und bei 70 °C unter Rühren 8 Minuten erhitzen. In Flaschen abfüllen, verschließen und abkühlen lassen.

2. Für die Törtchen den Backofen auf 180 °C vorheizen. Eine Springform (24 cm Durchmesser) einfetten und mit Mehl ausstäuben. Das Ei mit 60 g Zucker und 1/2 Päckchen Vanillezucker schaumig schlagen. Das Öl und das Mineralwasser unterrühren. Dann das Mehl mit dem Backpulver untermischen. Die Masse in die Springform geben und im Ofen auf der mittleren Schiene 8 bis 10 Minuten backen.

3. Den Biskuit aus dem Ofen nehmen, abkühlen lassen und mit einem Dessertring (8 cm Durchmesser) aus dem Biskuitboden 4 Teigkreise ausstechen.

4. Für die Füllung die Gelatine in einer kleinen Schüssel in kaltem Wasser 10 Minuten einweichen. Die saure Sahne mit dem restlichen Zucker und Vanillezucker verrühren. Die Gelatine mit den Händen gut ausdrücken, tropfnass in einem kleinen Topf bei schwacher Hitze auflösen und unter die saure Sahne rühren. Die Hälfte der Sahne steif schlagen und unterheben.

5. Die Himbeeren verlesen, waschen und trocken tupfen. Die Biskuitböden in vier Dessertringe legen und die Himbeeren darauf verteilen. Mit der Sahnecreme auffüllen und zugedeckt über Nacht kühl stellen.

6. Am nächsten Tag die Dessertringe entfernen und die Törtchen rundum mit der restlichen geschlagenen Sahne bestreichen. Die Ränder mit Krokant bestreuen. Den Rand der Oberfläche lückenlos mit Sahnetupfen verzieren und die freie Mitte mit Eierlikör füllen. Die Törtchen nach Belieben mit frischen Himbeeren und Schmetterlingshippen servieren.

Erdbeer-Joghurt-Törtchen

mit Buttermilchcreme
Nachspeise

1. Für den Boden den Backofen auf 160 °C vorheizen. Ein Backblech mit Backpapier belegen. Die Kuvertüre mit der Butter über dem heißen Wasserbad schmelzen. Das Mehl mit dem Kakaopulver in eine Schüssel sieben und mischen. Die Eier trennen. Die Eiweiße mit dem Zucker zu steifem Schnee schlagen. Die Eigelbe unter den Eischnee rühren. Erst die Mehlmischung, dann die Schokoladenbutter unterheben. Den Teig in einer Größe von 20 x 40 cm auf das Backpapier streichen und im Ofen auf der mittleren Schiene etwa 10 Minuten backen. Herausnehmen.

2. Für die Füllung die Gelatine in einer kleinen Schüssel in kaltem Wasser 10 Minuten einweichen. Die Erdbeeren waschen, putzen und mit dem Stabmixer pürieren. Das Erdbeerpüree durch ein Sieb streichen und mit dem Puderzucker und dem Joghurt verrühren. Die Gelatineblätter mit den Händen gut ausdrücken, in einem kleinen Topf erwärmen und unter Rühren auflösen. Etwas von der Erdbeer-Joghurt-Masse unterrühren und unter die restliche Erdbeer-Joghurt-Masse rühren. Die Sahne steif schlagen und mit dem Erdbeerlikör und dem Erdbeersirup unter die Joghurtmasse ziehen.

3. Aus dem gebackenen Biskuitteig mit Dessert- oder Anrichteringen (6 bis 8 cm Durchmesser) Kreise ausstechen. Die Joghurtmasse auf die Biskuitböden in den Ringen verteilen. Die Törtchen kühl stellen und etwa 3 Stunden fest werden lassen.

4. Für die Creme die Gelatine in einer kleinen Schüssel in kaltem Wasser 10 Minuten einweichen. Die Gelatine mit den Händen gut ausdrücken und in einer Tasse mit etwas Buttermilch über dem heißen Wasserbad auflösen. Die restliche Buttermilch, den Puderzucker und den Zitronensaft in einer Schüssel verrühren und die Gelatine dazugeben. Die Sahne steif schlagen und unterheben. Vier Gläser mit kaltem Wasser ausspülen, die Creme einfüllen und zugedeckt mindestens 2 Stunden kühl stellen.

5. Für die Sauce die Erdbeeren waschen, putzen und mit dem Puderzucker pürieren. Die Sauce nach Belieben durch ein feines Sieb streichen, um die Kerne zu entfernen. Die Erdbeersauce auf die Creme in den Gläsern verteilen.

6. Die Dessertringe von den Törtchen entfernen und die Törtchen mit Erdbeerwürfeln garnieren. Mit der Creme im Glas anrichten.

Zutaten für 4 Personen

Für den Boden:
60 g dunkle Kuvertüre
60 g Butter · 10 g Mehl
30 g Kakaopulver
3 Eier · 60 g Zucker

Für die Füllung:
4 Blatt Gelatine
250 g Erdbeeren
100 g Puderzucker
150 g Naturjoghurt
200 g Sahne
1 EL Erdbeerlikör
1 EL Erdbeersirup
Erdbeerwürfel zum Garnieren

Für die Creme:
2 Blatt Gelatine
100 g Buttermilch
50 g Puderzucker
Saft von 1/2 Zitrone
150 g Sahne

Für die Sauce:
250 g Erdbeeren
100 g Puderzucker

Kurz vorgestellt

Sie lieben ihr Leben als moderne Landfrauen und die Küche ihrer bayerischen Heimat – in einem Wettstreit der besonderen Art haben diese 14 Landfrauen ihre Kochkünste unter Beweis gestellt und aus typischen lokalen Spezialitäten Drei-Gänge-Menüs gezaubert. Einen Überblick über ihre Rezepte finden Sie hier.

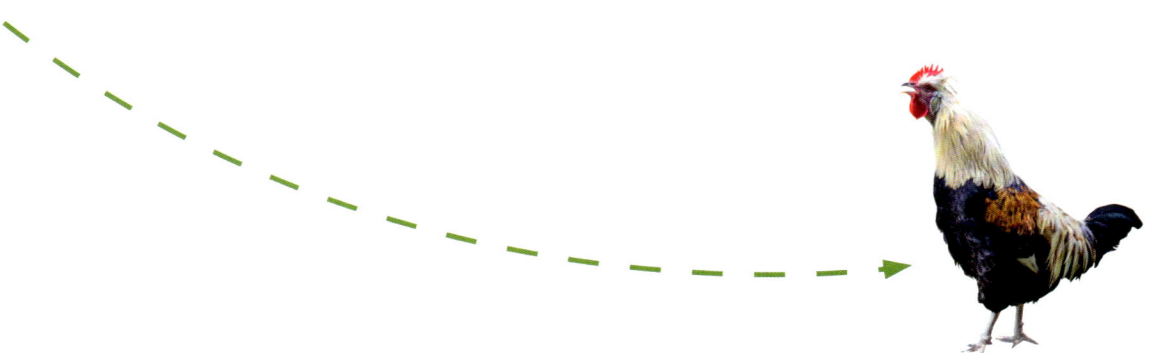

Barbara Baumann

*Forellenhof
Weingut Baumann
Handthal, Haus Nr. 30
97516 Oberschwarzach
Tel. 0 93 82 / 13 41
info@weingut-baumann.de
www.weingut-baumann.de*

Die Winzerin aus Unterfranken

TV-Menü: Meerrettichschaumsuppe mit süßem Topping / Roulade von der Lachsforelle mit karamellisiertem grünem Spargel / Minzparfait mit Schokolade auf Himbeerspiegel

Lieblingsgerichte: Sauerkrautsuppe mit Pfefferbeißern und Paprika / Lammfilet mit Süßkartoffeln

Ute Leyh

*Ute Leyh
Losbergsgereuth 1
96184 Rentweinsdorf
Tel. 0 95 31 / 84 96
info@leyh-hof.de
www.leyh-hof.de*

Die Erlebnisbäuerin aus Unterfranken

TV-Menü: Wildkräutersalat mit Frischkäse-Kräuterbällchen, Lachs vom Brett und Brotschnecken / Kalbsröllchen mit Kartoffelbaumkuchen / Joghurt-Honig-Eis auf marinierten Erdbeeren

Lieblingsgerichte: Lagerfeuerpizza nach Calzone-Art / Überbackene Mangold-Pfannkuchen

Theresa Frantz

Link Gemüse
aus dem Knoblauchsland
Am Wegfeld 21
90427 Nürnberg/Buch
Hofladen: Tel. 09 11 / 30 03 98 50
theresa.frantz@link-gemuese.de
www.link-gemuese.de

Die Gemüsebäuerin aus Mittelfranken

TV-Menü: Rucolasalat mit gegrillten Weinbergpfirsichen / Orientalisches Knoblauchslandgemüse mit Lammrücken / Semifreddo mit Himbeeren

Lieblingsgerichte: Wassermelonensalat mit Avocadocreme auf gegrilltem Weißbrot / Blaukrautsalat mit asiatischem Hühnchen

Katarina Stahl

Hembacherstraße 134
91126 Rednitzhembach
Tel. 0 91 22 / 6 30 16 35
info@zwingel-milch.de
www.zwingel-milch.de

Die Milchbäuerin aus Mittelfranken

TV-Menü: Beef Tatar mit selbst gemachtem Zwiebelbrot / Geschmorte Rinderbacke mit Rotweinsauce und Basilikumgnocchi / Pfirsichscheiterhaufen mit Joghurt-Vanille-Schaum

Lieblingsgerichte: Sommerlicher Rindfleischsalat / Feuerwehrkuchen mit Vanille-Kirsch-Guss

Heidi Kaiser

Eichenhof 1
96175 Pettstadt
Tel. 0 95 02 / 4 90 88 63
info@erlebnisernte.de
www.erlebnisernte.de

Die Kartoffel- und Blumenbäuerin aus Oberfranken

TV-Menü: Kürbis-Kartoffel-Suppe mit gerösteten Kürbiskernen / Würziger Zwiebelrostbraten mit glasierten Karotten, Bohnen und Kaiserkartoffeln / Erdbeertiramisu-Torte mit Schokosplittern

Lieblingsgerichte: Schnelles Paprikagulasch mit Butterreis / Feine Waffeln mit Erdbeerkompott

Monika Hansen

Familienbrauerei Meinel GmbH
Alte Plauener Straße 24
95028 Hof
Tel. 0 92 81 / 35 14
meinebestellung@meinel-braeu.de
www.meinel-braeu.de

Die Braumeisterin aus Oberfranken

TV-Menü: Biertapas / Coq au Bière: Huhn geschmort in dunklem Doppelbock / Kleiner Schokoladen-Bier-Gugelhupf mit Zwetschgensorbet

Lieblingsgerichte: Ofenfrische Dampfnudeln mit Bockbier-Vanillesauce / Gefüllt Hackfleischklößla mit Märzenbier-Gerupftem an Ärpfl-Gurken-Salat

Birgit Vogl

Biohof Hammermühle
Hammer 7
93464 Tiefenbach
Tel. 0 96 73 / 27 94 26
Birgit.Vogl@wbv-neunburg-
oberviechtach.de

Die Biobäuerin aus der Oberpfalz

TV-Menü: Rote Erdäpfelsuppe mit Schwammerl und Speck / Rehgulasch mit Bärlauchknödeln / Oberpfälzer Waldbeerentraum mit Mini-Gugelhupfen

Lieblingsgerichte: Angusfiletrolle mit Kräutern / „Flecka" mit Quark, Mohn und Pflaumenmus

Barbara Weiherer

Mossendorf 4
93133 Burglengenfeld
Tel. 0 94 71 / 8 05 90
info@simmernhof-mossendorf.de
www.simmernhof-mossendorf.de

Die Landfrau aus der Oberfalz

TV-Menü: Waller-Apfel-Spieß auf Salat / Angus-Roastbeef mit Sommerdip und Kartoffel-Kräuter-Strudel auf Gemüse / Buttermilchmousse mit Himbeereis im Waffelhörnchen

Lieblingsgerichte: Käserolle mit Kräutern / Gewürz-Bananenkuchen mit Schokolade

Edeltraud Zehetmeier

Streunweinmühle 6
84137 Vilsbiburg
Tel. 0 87 41 / 34 22
ezehetmeier@gmx.de
www.biohof-zehetmeier.de

Die Biobäuerin aus Niederbayern

TV-Menü: Forellenpralinen mit Blattsalat / Sous-vide-gegartes Dry Aged Steak mit Kartoffelgratin / Lauwarmer Apfelkuchen mit Eierliköreis

Lieblingsgerichte: Rindfleischsuppe mit Kaspressknödeln und Leberspätzle / Eiweißkuchen mit Mandeln und Vanille

Sonja Schreiber

Sicking 11
94571 Schaufling
Tel. 0 99 01 / 71 55
info@alpakahof-schreiber.de
www.alpakahof-schreiber.de

Die Alpakazüchterin aus Niederbayern

TV-Menü: Gemüse mit Ziegenkäse und Apfel-Balsamico-Chutney / Schweinefilet vom Grill in Pfeffer-Senfkruste mit Spargelragout und Spinatknödel / Apfelstrudel mit Lavendeleis

Lieblingsgerichte: Banes Fischwürste mit Kräutern / Weihnachtstorte mit Pfirsichsahne

Catharina Lichtmannegger

Scheffauerstraße 24
83487 Marktschellenberg
Tel. 0 86 50/9 84 88 90
www.scheffauenland.com

Die Bergbäuerin aus Oberbayern

TV-Menü: Carpaccio vom Rehrücken / Medaillons vom Gamsrücken, Edelgulasch vom Hirschrücken mit Sellerie-Kartoffel-Püree / Kaiserschmarren mit frischen Erdbeeren

Lieblingsgerichte: Lammschulter auf buntem Gemüse / Hollerküchlein mit Zimt und Vanille

Irmi Lamprecht

Ölmühle Garting
Garting 2
83530 Schnaitsee
Tel. 0 80 74 / 91 77 58
info@oelmuehle-garting.de
www.oelmuehle-garting.de

Die Ölmüllerin aus Oberbayern

TV-Menü: Bunter Salat mit bayerischem Getreidepflanzerl / Straußenfilet mit Rosmarinkartoffeln, Zucchinischeiben und dreierlei Dips / Knusper-Parfait mit Fruchtsauce und Traubenkernöl

Lieblingsgerichte: Ofenkartoffeln mit buntem Gemüse / Knuspriges Dinkelbrot mit Kräutern

Katharina Mayer

Biolandhof Mayer
Wertingerstraße 17
86368 Gersthofen-Hirblingen
info@biolandhof-mayer.de
www.biolandhof-mayer.de

Die Biobäuerin aus Schwaben

TV-Menü: Marinierter Tafelspitz mit karamellisierten Radieschen / Teres Major sous-vide-gegart mit Pappardelle in Salbeibutter / Grießflammeri mit Körnerkrokant

Lieblingsgerichte: Pulled Pork mit Burgerbuns und Rotkohlsalat / Panna Cotta mit Buttermilch

Maren Flessenkemper

Bio-Geflügelhof Adelwarth
Woringer Straße 47
87760 Lachen
Tel. 08331 / 8 33 86 92
info@biogefluegelhof.de
www.biogefluegelhof.de

Die Geflügelzüchterin aus Schwaben

TV-Menü: Feige Ziege mit Linsensalat / Putenoberkeule mit Kartoffelspieß, glasierten Karotten und Zuckerschoten / Quarkklößchen auf Brombeerspiegel

Lieblingsgerichte: Sommerlicher Melonensalat mit geräuchertem Putenfilet / Putenröllchen auf Tagliatelle-Bett

Texte

Katja Mutschelknaus: S. 6-9, S. 28-31, S. 50-53, S. 72-75,
S.94-97, S. 116-119, S. 138-141
Claudia Teibler: S. 19, S. 41, S. 63, S. 85, S. 107, S. 129, S. 151

Bildnachweis

Umschlag:

BR/megaherz gmbh/Gruppenbild (o.), Sonntag, Moritz:
vorn (o.), Deiß, Anne: hinten (Gruppenbild u.); Andrea
Kramp & Bernd Gölling: vorn (u.), hinten (Hintergrund).
Grafik-Logo: BR

Innenteil:

BR/Meinl, Matthias: S. 5 (o.); BR/megaherz gmbh: S.6, S.7
(o.); S.8 (o.r.), S.160 (l.u., Flasche); BR/megaherz gmbh/
Deiß, Anne: S.5 (u.), S.18 (o.l.), S.40 (o.r., u.), S.106 (o.r., u.),
S.128 (o.r., u.), S.150 (o.r., u.), S.161 (u.r.), S.170 (u.), BR/me-
gaherz gmbh/ Dittrich, Rainer: S.160 (o.); BR/megaherz
gmbh/Lusznat, Hans Albrecht: S.169 (o.); BR/megaherz
gmbh/ Maluche, Andreas: S.3, S.8 (u.), S.30, S.72, S.74
(u.), 96 (r.o.), S.140, S.171 (o.), S.172 (u.), S.173 (2.v.u.), S.160

(Biene, Bus, u.r.), S.161 (o.), S.167 (o.); BR/megaherz gmbh/Sonntag, Moritz: S.8 (o.l.), S.18 (o.r., u.), S.40 (o.l.), S.51 (u.), S.52, S.62 (o.), S.73 (u.), S.74 (o.), S.84, S.95, S.96 (o.l., u.), S.106 (o.l.), S.128 (o.l.), S.150 (o.l.), S.170 (o.), S.171 (u., 2.v.o., 2.v.u.), S.172 (o., 2.v.o., u.), 173 (2.v.o., u.); BR/megaherz gmbh/Stein, Robert: S.117 (u.), S.118, S.173 (o.l.); FEIGFOTODESIGN – Alexander Feig: S. 62 u.; Haselhoff, Alexander: S.4, S.7 (u.), S.28, S.29 (o.), S.73 (o.), S.94, S.116, S.138, S.139 (u.), S.161 (u.), S.162 (o.), S.164 (o.), S.166 (o.), S.168 (o.); LandIdee Verlag GmbH: S.163 (o.), S.165 (o.); LandIdee Verlag GmbH/Brigitte Sporrer: S.163 u., S.165 u.; Shutterstock: JG Photo 76 S.139 (o.); Lueder, Harald S.29 (u.); oticki S.50; Mach, Vaclav S.51 (o.); Vermeulen-Perdaen, Guido S. 117 (o.); Walter, Alexander: S.167 (u.), S.169 (u.)

© 2018 ZS Verlag GmbH
Kaiserstraße 14 b
D-80801 München

ISBN 978-3-89883-833-4
3. Auflage 2021

Projektleitung **Ines Alms**
Vorwort **Sonja Kochendörfer**
Lektorat **Katharina Lisson**
Grafische Gestaltung **Julia Arzberger**
Foodfotografie **Andrea Kramp & Bernd Gölling (andere siehe Bildnachweis)**
Foodstyling **Hermann Rottmann**
Porträt- und Landschaftsfotografie **siehe Bildnachweis**
Herstellung **Frank Jansen**
Producing **Jan Russok**
Druck & Bindung **optimal media GmbH, Röbel**

Kurze Wege schonen die Umwelt
Dieses Buch wurde in Deutschland gedruckt

Im Buch enthaltene Foodfotos können zur eigenen Nutzung erworben werden unter www.stockfood.com

© 2018 MOVIEPOOL & megaherz nach einer Idee des Schweizer Fernsehens SRF
im Auftrag des Bayerischen Rundfunks
basierend auf dem Konzept „Landfrauenküche" des Schweizer Fernsehens.
Lizenz durch TELEPOOL GmbH – alle Rechte vorbehalten

ZS – Ein Verlag der Edel Verlagsgruppe
www.zsverlag.de | www.facebook.com/zsverlag